JN068900

「きんぎょモデル」を用いた
実践の組み立て

非認知能力
を育てる
発達支援
の進め方

編…関西発達臨床研究所
著…高橋浩・山田史・天岸愛子・若江ひなた

学苑社

はじめに

　「楽しい発達支援」とは、一般社団法人大和伸進会児童発達支援「きんぎょ」での遊びを中心とした実践の中から生まれてきたものです。障害があるといわれる子どもたちの中には、日常生活にうまく適応するのが難しい子どもたちがたくさんいます。早期から診断を受け、治療や訓練、トレーニングや療育を受けている子どもたちもいます。中には我慢を強いられることもあります。

　家庭でも、様子の違う我が子に対して、何とかできないものかと、厳しくしつけたり、様々な訓練機関をはしごしたりするようなこともあります。うまくいけばいいのですが、中には、親も子も疲弊してしまうような場合もあります。

　1978 年、大学の 2 回生の頃より、障害児やその家族とかかわるようになり、特別支援学校教員を経て、児童発達支援事業所指導員を続ける中で 45 年目を迎えています。その間、子どもも保護者も疲弊していく様子を随分見てきました。自分自身も子どもの発達や社会適応を促がせるような理論や技法を数多く学び、実践してきました。もちろん、その取り組みがうまくいき、たくさんの成果を出すことができましたが、改善、解決の難しさに多く直面してきたことも事実です。結果的に家庭崩壊に至ったこともあり、自分の力のなさを痛感し、後悔することもありました。

　そのような中でも、自分のできることを追求し、子どもの発達支援に取り組んできましたが、教員を定年退職し、その後働き始めた児童発達支援の事業所の中で見つけることができたのが、本書「楽しい発達支援」という考え方と取り組み方です。そのきっかけとなったのが、指導員となった 2 年目に出会った「非認知能力」という言葉です。

　「非認知能力」という言葉が注目を集めるようになったのは、2006 年、ジェームズ・ヘックマン教授の論文発表からです。ここではその詳細の記載はしませんが、比較的新しい言葉であることが分かります。面白いのは、ヘックマン教授が経済学者であり、経済学の分野で注目を集め、2015 年に OECD が「非認知能力」の定義を公表し、「社会情緒的スキル」と言い換え、経済界や各企

1

業の注目を集めるようになりました。教育の分野でも文部科学省が新学習指導要領の「育成すべき資質・能力の三つの柱」の中に「非認知能力」育成の重要性を示しています。

　20年に満たない期間の中で、日本でも研究が進み、特に子育てや幼児教育において数多くの研究報告や著書が生まれています。「非認知能力」を育てるためには「子どもの自発性や主体性の尊重」が重要となることが多くの書籍で示されています。そしてそれが生きてくるのが「遊び」です。つまり、子どもの自発的・主体的遊びの中で非認知能力が育っていくということです。もちろん、それだけではないと思いますが、古来より言われている「子どもは遊びで育つ」という言葉が思い出されます。

　児童発達支援「きんぎょ」での実践は、この考え方を基盤として進めていくこととしました。一言で言えば「好きな遊びを思いっきりやる」とうことです。子どもたちにとってそれはとても楽しい時間になりました。活気と笑顔にあふれ意欲的に取り組んでいます。まさにそれは、楽しい発達支援となりました。先例もマニュアルもない中、試行錯誤のスタートで、数多くの課題や問題点にも直面しました。その時の支えとなったものは、子どもたちや保護者の笑顔でした。子どもの笑顔は家族の笑顔を生み出す。そこに「楽しい発達支援」の意味があるのではないかと思っています。

高橋　浩

一般社団法人大和伸進会児童発達支援「きんぎょ」

目次

はじめに ……………………………………………………………………… 1

第1章　認知能力と非認知能力 ……………………………………… 5

　1　認知能力について ………………………………………………… 6
　2　非認知能力について ……………………………………………… 9

第2章　基盤としての「心の安定」 ……………………………… 13

　1　愛着について ……………………………………………………… 14
　2　心の支え …………………………………………………………… 17
　3　子どもの尊厳を守ること ………………………………………… 18
　4　好き・嫌い ………………………………………………………… 19

第3章　「きんぎょモデル」の成り立ちと構成 ………………… 23

第4章　各項目の内容（実際場面での進め方） ………………… 31

　1　健康の維持 ………………………………………………………… 32
　2　感覚と運動 ………………………………………………………… 33
　3　心の安定 …………………………………………………………… 34
　4　非認知能力（心の育ち） ………………………………………… 36
　5　認知能力（学びの育ち） ………………………………………… 38
　6　「きんぎょモデル」の使い方 …………………………………… 40

第5章　実践現場に合わせた「きんぎょモデル」の活用 ……… 41

　1　一般の学校での活用 ……………………………………………… 42
　2　特別支援学校での活用 …………………………………………… 44
　3　児童発達支援や放課後等デイサービスなどの事業所での活用 …… 45
　4　「きんぎょモデル」に基づく個別支援計画 …………………… 46
　5　目標の作り方・書き方 …………………………………………… 48
　6　自発的・主体的遊びを通して子どもたちに見られた変化 …… 53

第6章　実践現場からの報告 ·· 59

1　児童発達支援事業所から
「きんぎょモデル」を生み出した事業所 ··············· 高橋　浩　60

2　遊びを中心に取り組んだ学校現場から①
私が出会った驚きの教育実践 ······························ 島津　雅子　65

3　遊びを中心に取り組んだ学校現場から②
非認知能力が育つことで、学習に向かう力を培う ··········· 佐々木　佳　69

4　遊びを中心に取り組んだ学校現場から③
「バッタ捕り」の中で育ってきたもの ····················· 宮里　生恵　73

5　特別支援学校の授業の取り組みから①
いつのまにか使えるようになったハンマー ··········· 藤原　彩夏・毛房　康代　79

6　特別支援学校の授業の取り組みから②
やりたい思いが友だち意識も育てる ····················· 白井　加奈子　83

7　特別支援学校の授業の取り組みから③
より本物に近いものを感じる工夫 ························· 橋本　知恵子　86

8　特別支援学校から
食事場面を通して非認知能力が育つ ····················· 天岸　愛子　89

9　放課後等デイサービスの事業所から
「今日もたくさんブランコで遊ぼうね」の声かけを大切に育む ····· 山田　史　95

10　音楽療法教室から
音楽療法の視点 ··· 若江　ひなた　99

11　モンテッソーリ教室から
自分でできる環境が非認知能力を伸ばすカギ ··········· 安齋　優紀　104

12　習い事教室の現場から
モンテッソーリ教育を取り入れ非認知能力を育む ··········· 柴田　晶子　110

13　訪問看護の現場から
訪問支援でできること ······································· 天岸　愛子　116

14　就労支援の現場から
大人になってもやりたいこと ······························· 天岸　愛子　122

おわりに ··· 126

参考文献 ··· 128

第 1 章

認知能力
と
非認知能力

ネット検索すると「認知能力」と「非認知能力」を対で考えるようなサイトや情報が出てきますが、「非認知能力」が注目されるようになる前は、「認知」に対して「運動」や「情緒」などが認知以外の分野として一般的に知られていました。「非認知能力」とは、「認知ではない力」という意味になりますから、含まれる内容は膨大で曖昧な感じにならざるを得ないと思います。また、「非認知能力」という言葉は、「認知能力」という言葉あっての言葉になります。ですから、「非認知能力」を考える前に「認知能力」について理解しておく必要があります。ただ、背景としては、自分自身は専門の研究者ではなく、実践を中心とした臨床家ですので、実践の中で学んだことや感じてきたことが中心となります。この点はご了承ください。

1　認知能力について

　認知能力とは、定義の仕方もいろいろあるようですが、「人が物事を正しく理解し、考え、判断し、適切に対応するための機能であり、円滑な日常生活を送るうえで必要不可欠なもの」というのが最も一般的です。これは認知能力を育てること、高めることが生活の質に影響していくという考え方で、これまで

の学校教育のあり方を支えてきたものでした。

　確かに「物事を正しく理解する力」「考える力」「判断する力」「適切に対応する力」が生きていく上で重要な役割を果たすことに間違いはありません。そして、子どもたちは、家庭や学校、社会の中でこうした力を発揮するための材料となる経験や情報を蓄積していると考えています。

　非認知能力との対比の中で、認知能力は「数値化できる力」で、非認知能力は「数値化できない力」といわれています。人間の能力を認知

能力と非認知能力に整理する際に、運動能力や発音能力はどちらに入るのか悩みました。筆者の結論としては、これらはスポーツテストのように数値化できる力であって、認知能力とする方が妥当と考えました。身体を動かすことは、自分の身体や身体の使い方に関する認知機能と位置付け、ここでは運動能力や発音能力も認知能力に含めて考えることとしました。

　筆者にとって、認知能力を育てること、高めることは、特別支援学校教員時代の中心的課題でした。発達支援の必要な子どもたちは、実態や課題もそれぞれに特徴をもっています。Ａくんにとってうまくいったやり方も、Ｂくんにとってはうまくいかないようなことが多々ありました。それぞれの特徴に応じて組み立てていくことになり、そこには時間も労力もかかってしまいます。極端な場合は、何ができるのかを探るだけで半年近くかかったこともあります。手探りの中で、より効果的な方法を求めて、様々な理論や技法を学び、取り入れてきました。その学びのためにも、多くの時間や労力を費やしました。その中で最も役に立ったのが「感覚と運動の高次化理論」です。感覚と運動の高次化理論は、発達を「知恵」「自己像」「情緒」「姿勢・運動」の４領域で考えていきます（図１）。この４つを絡めながら発達的視点での実態把握や課題設定、学習活動や評価を進めていきます。中でも「知恵」にあたる認知のまとめ方が学校での学習活動に直結するようなものでした。根拠の曖昧な取り組みをこれまで繰り返してきましたが、感覚と運動の高次化理論を手立てとすることで、根拠に基づく学習を設定できるようになりました。

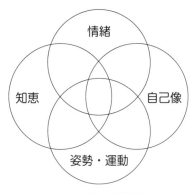

図１　４つの領域

発達支援の必要ではない子どもの場合は、従来のやり方で進めていっても大丈夫ですが、発達支援の必要な子どもの場合は、その子に合った何らかの手立てが必要になります。課題をスモールステップ化したり、繰り返し丁寧に伝えたりするだけではうまくいかないこともよくあります。何年も同じ学習を繰り返してしまわないためにも、特別な手立てを是非取り入れていってほしいものです。それが筆者にとっては「感覚と運動の高次化理論」でした。

　「感覚と運動の高次化理論」は、淑徳大学発達臨床研究センターでの長年の臨床実践の中でまとめられたものです。中心となられた宇佐川浩先生は、2010年に亡くなられましたが、センターでは、宇佐川先生の遺志を引き継ぎ現在も実践研究がなされています。多くの研究誌や書籍も出版されています。また、夏と秋には、大きな研修セミナーも実施されており、どなたでも参加することができます。発達支援のための手掛かりとして、是非学んでいただければと思っています。

　詳しくは、淑徳大学発達臨床研究センターのホームページをご覧ください。

淑徳大学発達臨床研究センター研究紀要

感覚と運動の高次化理論を紹介する書籍

2　非認知能力について

　ジェームズ・ヘックマン教授らが実施して有名になった「ペリー就学前プログラム」（アメリカミシガン州の幼稚園で 1960 年代にスタートした低所得のアフリカ系アメリカ人の就学前教育児童を対象にした教育プログラム）では、子どもの将来の成功に影響しているとされた能力は、IQ テストや学力テストで計測されるような認知能力というよりは、意欲や自制心などの非認知能力であったことが明らかになっています。幼児期の特別な教育が及ぼす影響について、社会的リターンをもたらしている要素は、テストの数値で表せるような認知能力ではなく、数値では表せない認知能力ではない力（非認知能力）であると結論付けました。社会的リターンをもたらすためには、幼児期に「非認知能力」を育成することの重要さを経済学の立場から示しました。この研究発表により、世界中で「非認知能力」に焦点を当てた様々な研究が行われるようになりました。

　日本でも研究が進み、岡山大学准教授の中山芳一先生のまとめがとても分かりやすいと思います。中山先生は非認知能力を 3 つのグループに分けています。

1　自分と向き合う力：自制心、忍耐力、回復力（レジリエンス）など
2　自分を高める力：意欲・向上心、自信・自尊感情、楽観性など
3　他者とつながる力：共感性、協調性・社交性、コミュニケーション能力など

　この 3 つの視点は、子どもの発達支援を進めていく上でも、是非、子どもたちと一緒に取り組んでいきたい分野です。ただ、発達支援の必要な子どもたちに対応する場合に加えてほしい非認知能力があります。

　まず初めに上げられるのが「楽しむ力」です。「楽しいと思える力」という表現の方が適切かもしれません。楽しむのが苦手であまり笑えない子に出会う

ことがあります。おもちゃで遊んでいても適当に操作はしますが、長続きしません。次々におもちゃを変えていきます。逆にずっと同じような遊びを淡々と続けている場合もあります。そういう子どもたちも、楽しめるようになってくると活動が活発になり、遊びも充実してきます。

　次に上げられるのが「興味・関心」です。子どもたちは日常生活の中で様々な刺激に接しています。その時に興味や関心をもつことができれば、遊びや学びが生まれてきます。しかし、もし興味や関心をもつことができなければ、素通りしてしまい、何も生み出されません。発達支援の必要な子どもたちの中には、興味・関心が非常に薄かったり、極端に偏ったりしていることがあります。そのため遊びや学びもなかなか広がりません。逆に様々な刺激に振られてしまうという興味・関心が過剰な場合もあります。その場合は遊び込みができなかったり、学びを深めたりすることができません。

　３つ目として挙げられるのが「好奇心」です。「興味・関心」と似た意味合いですが、好奇心には物事を探求しようとする思いが込められており、主体的学びを生み出す根源的な感情ではないかと思います。発達支援の必要な子どもの中にこだわりの強さと好奇心を併せもつ子がいます。好奇心の対象となった物へこだわりが加わることで、対象への理解と学びが半端でない物になります。好奇心がこだわりの幅を広げ、それが柔軟性へつながっていく印象があります。

　「楽しむこと」「興味・関心」「好奇心」が子どもの遊びや学びに意欲を生み出します。意欲は自分を高める力であり、やり遂げる力や達成感、充実感、満足感へつながっていきます。非認知能力を育てるのは、「自発的、主体的な遊び」とよくいわれますが、自発的、主体的というだけで、そこに意欲が存在する物であり、そのまま遊びや学びの充実へと展開していきます。このことは、発達支援が必要な子どもたちにも同様に言えることであり、逆に興味のないもの、楽しくないものに自発的、主体的に取り組ませることの方が難しい課題となります。

教員時代は認知能力に着目し、理解力や
考える力、記憶力、判断力などを伸ばす学
習に取り組んできました。ただ、今思えば
認知能力だけに注力していたのではなく、
非認知能力についてもあまり意識せずに取
り組んできたと思います。学習を進めるに
あたって、興味・関心をもってくれないと
学習は進みません。そのために教材を工夫したり、かかわり方を工夫したりし
てきました。楽しくなければ続かないので、楽しい学習になるように好きな物
を題材にしたり、キャラクターを取り入れた教材を作ったりしてきました。気
づきや好奇心をもってもらうために、珍しい物を提示したり、感覚遊具を作っ
たりしてきました。

　退職後、児童発達支援の事業所で働くようになってからは、遊びを通して、
非認知能力も認知能力も育てていくことを目的に取り組むようになりました。
その中で実感してきたことは、この２つが対立する関係でも縦につながる関係
でもなく、互いに補い、支え合いながら補完的に機能し、高め合っていく横の
関係であるということです。他の研究の中には、非認知能力を基盤として、認
知能力が育っていくような位置関係にしたり、その逆を提唱したりする考えも
ありますが、横並びに位置付けるのが一番すっきりすると思います。

第 2 章

基盤としての「心の安定」

発達支援の実践をしていて一番対応が難しいと思
うのが、怒ったり泣いたりするなど激しく興奮して
いる場合と、恐怖や不安からか一切こちらを受け入
れようとしない場合です。近づいても怒る、離れて
も怒る、声をかけても泣いてしまうし、かけなくて
も激しく泣いてしまう、警戒しながらずっとこちら
を見ていて、近づくと引いてしまう。何をやっても
うまくいかずにお手上げ状態になります。心が不安定な状態では、遊ぶことも
学ぶこともできません。

　児童発達支援「きんぎょ」を開設して多くの子どもたちの相談を受け、全て
の子どもたちを受け入れてきました。その中には、他の事業所では受け入れて
もらえなかったり、トラブルを起こして通えなくなったりしていた子どもたち
もいました。その子たちの多くは心の育ちが不十分であったり、不安定な状態
だったりしていました。

　結果、自傷や他害、多動やチック、緘黙や極端なこだわりなどが特徴として
顕著にみられました。心が満たされない、不安感や不満感、不信感の中でそう
した行動に至らざるを得なかった状況がそこにあったのではと思っています。
いかに心を満たしながら安定へ導いていくか、大きな課題となりました。

1　愛着について

　筆者自身は、愛着や愛着障害を専門的に学んではきていませんが、発達支援
が必要な子どもたちの中には、愛着形成が不十分な状態で育ってきたのではと
思わせる子どもたちがいます。遊びの中で勝ち負けに異常にこだわったり、負
けるとパニックになったり、勝ち負けのある遊びを拒否することもあります。
ちょっとしたことで他児に暴力をふるったり、母親を攻撃したりします。時に
は激しい暴言を吐くこともあります。また、母親の見ているところで勝手に電
話をかけたり、よその家のチャイムを押したり、よその車をたたいたりと母親

の困る行動をして喜ぶという子もいます。背景には、様々な発達特性により、通常の子育てではうまく心を満たすことができないというような状況があるのではと推測しています。

　愛着障害の判定ができるほど、知識や経験もありませんが、愛情豊かに子どもたちに接していくことは、全ての子どもにとって大切なことではないかと思います。中でも対人関係をうまく結べないような子どもたちには、愛着障害の判定にかかわらず、意図的な通常以上の丁寧な愛情豊かな接し方が必要なのではないかと考えています。

　愛着形成がうまくいかない原因として、新生児期から子どもの欲求が満たされないようなこと（例えばお腹がすいた時にミルクをもらえない、不快なのにおむつを替えてもらえないなど）が続くと、安心感や信頼関係が生まれず愛着がうまく育たないことがあります。

　子どもにとっての基本的欲求として、睡眠、食事、排泄があります。それらが満たされないと身体の不調につながるだけでなく、心の安定や育ちにも影響してきます。ただ、それらを改善すればいいのかというとそうではありません。優しく抱っこしてくれたり、語り掛けてくれたり、遊んでくれたりといった温かなかかわりを通して心は満ち足り、安定し、外の世界へ気持ちをもっていく余裕を生み出していきます。

　ただ障害の特性によっては、感覚過敏などの影響で、抱っこされると身体をのけぞらせたり、音が過剰に入り過ぎて気持ちを不安定にさせたりするということがあります。母親からよく聞く話として、「赤ちゃんの時、抱っこすると嫌がり、寝かせると機嫌よかったので、寝かせていることが多かった」ということがあります。抱っこによるつながりやかかわり遊びなどができにくい状況となり、愛着形成に影響を与えるということもあったようです。他にも感覚の使い方やとらえ方の違いからうまくかかわれないような状況になるということもあります。これは、障害特性の影響によるものであり、決して子育ての仕方

や愛情不足というものではありません。ここはよく誤解される部分でもあります。

　子どもたちに日常生活でのあいさつや作法、生活習慣などを身につけさせることを目的に「しつけ」がごく普通に行われています。日本の文化や社会の中で生きていく上で大切なことを学びます。子どもがストレスのない状態でそうしたしつけを受け入れることができればいいのですが、あまりに強制的に行われると不平や不満が重なり、愛着形成にも影響が出てくることになります。人に向かう力が少なくなると、物に向かうことが多くなります。逆に物への思いが強いために、人に向かう力が少なくなる場合もあるようです。人の成長にとって物に向かう力も人に向かう力もどちらもが大切です。大雑把ではありますが、物に向かう力の強い子は認知能力が育ちやすく、人に向かう力が強い子は心や言葉、コミュニケーションが育ちやすいように思います。

　児童発達支援「きんぎょ」は、1〜2歳から通ってくる子がいます。母親から離れられずに、母親の膝の上で過ごすところから始めます。慣れてくると周りのおもちゃが気になりだし、いろいろ手を出すようになります。母親から離れるきっかけは、おもちゃであることが多いです。すっと離れられるようになるのではなく、しばらく母親とおもちゃを往復したり、おもちゃを自分の近くに引き寄せたりして安心を保ちながら遊び始めます。母親から離れる時間や距離が次第に長くなっていき、母親が見えないところまで行けるようになります。帰る時には母親に抱きつくようにして帰り、頑張った自分を受けとめてもらっています。うまくいかなかった時には慰めてもらっています。

　まさに、愛着関係が築かれていく様子を見せてもらえているように感じます。信頼できる人の存在が心の支えになっていることがよく分かります。

2　心の支え

　特別支援学校の教員時代、子どもにとっての心の支えをあまり意識したことがありませんでした。今、子どもたちの遊びに深くかかわっていくと、子どもたちにとって心の支えとなるものがいかに必要なのかをよく目にします。それは、発達支援の必要な子も同様か、それ以上ではないかと感じています。

　自分が活動するために、何か持っていないといけない子がいて、来てすぐに心の支えを探し始める子がいます。それがキャラクター人形のようなこともあるのですが、「えっ、これが！」と思うようなニンジンや魚のおもちゃの時もあります。それを持つことで、安定していろんな遊びにチャレンジし、楽しく過ごすことができるのですが、こうした心の支えが見つからないと、不安そうに支えになるものを探し続けるということになり、最後には怒りだしてしまいます。

　２階への階段を登ろうとする時に、心の支えが必要な子が結構います。階段の下から上を眺めていたと思うと突然何かを探しに行って、見つけてきてそれを持って上ります。多くの場合、階段を上り終えるとそれは必要なくなり、２階の部屋に入る時には下に落としていきます。中には階段の登り始めの時だけ必要な子もいます。レインボースプリングだったり、さめのフィギアだったり、ミニマッサージ器であったり、ピンポン玉だったりします。小学生になってもそれが必要な子もいて、難しいことや自信のないことへのチャレンジという意味合いが低いこともあります。

　トランポリンに初めて乗るとか、滑り台に初めて登る時に何かを持って心の支えにする場合もあります。他の子がトランポリンで跳んでいる様子を見て自分もやりたいと思ってそばまで行きますが、登る勇気がありません。どうする

のか見ていると近くにあったおもちゃについていた旗を持って登りました。旗を登る際の心の支えにしていたことが分かりました。

　普通に考えると「何でこんなものが」と思ったり、「なくてもできるのでは」と思えたりするようなものなのですが、その子にとっては乗り越えるための大切なツールなのだと理解してあげることが大切となります。毎回必要な子もいれば、初回だけで大丈夫な場合もあり、必要によって使い分けていることが分かります。

　こうしたことに気づかないと、知らず知らずに心の支えを取り上げてしまうこともあります。子どもも必要があってしていることをきちんと認めてあげたいです。

　「心の支え」は、発達支援が必要な子どもだけに必要なものではなく、どんな人にも必要です。もちろん特定の人が心の支えになる場合が多いと思いますが、遊びだったり、趣味だったり、ペットだったり、お守りだったりするかもしれません。

3　子どもの尊厳を守ること

　しつけや指導をする時、気をつけないと強引に進めてしまうことがあります。このような時は、子どもに合わせて対応するのではなく、こちらの都合やこちらの理屈が優先してしまい、トップダウン的になってしまいます。我慢させたり、無理やりさせたりしてしまうことになります。支配的対応が生まれ、言うことを聞かせることが目的になり、そこにその子の尊厳がなくなってしまいます。強引にでもさせたことで、こちら側には満足感が生まれますが、子どもにとっては自分を認めてもらえない挫折感や敗北感のようなものが生まれます。心が満たされることなくストレスばかりが蓄積していき、意欲や楽しさが奪わ

れてしまいます。結果的に自分に自信をもてなく
なったり、興味が広がりにくかったり、受け身的
な性格になってしまったりします。自分を肯定的
に受け入れることができないため、自己肯定感が
育っていきません。

　子どもだからといって、下に位置付けられるも
のではなく、支配するものでもありません。１人
の人間として、個人としての尊厳をきちんと尊重していくことがその子自身の
存在感を高めていくことになります。周りがその子を肯定的に見ることによっ
て、子ども自身の中にも肯定感が生まれてきます。自分の中にある自己肯定感
が、難しい状況の中で自分自身の支えとなっていきます。自分の「心の安定」
を底支えしていくものが自己肯定感、根拠のない自信のようなものとなります。

　自分の尊厳を認められてきた子は、他の子の尊厳を認めることができるよう
になります。逆に自分の尊厳を認められなかった子は、他の子の尊厳を認める
ことができず、自分勝手な行動や対応をしてしまいます。その結果、友だちと
のトラブルが多発したり、うまく社会の中で適応できなくなったりするといっ
た弊害にもつながるのではないかと思います。

　筆者自身も教員として、指導員として子ども
にかかわっていますが、そういう立場にある人
こそ、子どもの尊厳を尊重するような姿勢を基
盤にしたかかわりを大切にしてほしいと思いま
す。

4　好き・嫌い

　心が安定するのは、「好きなこと」や「やりたいこと」をしている時ではな
いかという実感があります。やりたくないこと、面白くないことをやらないと
けない時は、ストレスもかかるし、心も不安定になります。好きなことをする

時は頑張らなくてもできるけど、嫌なことをする時は頑張らないとできません。

　このことは、子どもにとっても同じで、好きなことをする時は言われなくてもできますし、嫌なことをさせようとすると、いくら言ってもきいてくれません。好きなことをしている時は、表情も生き生きしていて心も安定しています。嫌なことを我慢している時には、ささいなことで怒りだすということがあります。

　心の安定へ導くためには、好きなことをさせる、やりたいことをさせることが、最も手早い手段となるでしょう。好きなことを好きなだけできれば満足感も生まれます。ただ、現実的には必ずいろいろな制限が入ってきて、それを実現するのは難しくなっていると思います。

　「好きなこと」「やりたいこと」の内容によって制限も変わってきます。誰にも迷惑をかけない、健全で安全な遊びであれば、時間制限以外の制限はなくなるかもしれません。逆に迷惑をかける危険な遊びであれば、遊び始める以前に制限をかけてしまうかもしれません。極端な例を出しましたが、通常はどんな遊び、どんな活動をしていても、制限は入ってきます。ただ、その制限をどこで入れるかが重要になります。

　例えばおもちゃの飛行機を投げて遊んでいる場合です。柔らかく軽い素材でできているので人にあたっても怪我をするようなものではありません。うまく投げることもできないので、うまく飛ばせません。そのような状況の時、どのあたりでどの程度の制限をかけるでしょうか？

　・人に向かって投げようとした時

　・ガラスに向かって投げようとした時

　・窓から外へ投げようとした時

　通常の場合でも判断が難しいと思います。では、もし発達支援が必要な子の場合として考えるとどうなるでしょうか？

　①誤学習を防ぐため、通常よりも早めに制限する。

②通常と同じように対応する。

③通常より制限を緩めてできる限り遊ばせる。

これは、考え方により賛否の分かれるところだと思います。児童発達支援「きんぎょ」では、「子どもの遊びをできる限り充実させたいこと」「心の安定のためにも制限をできるだけ少なくしたいこと」を考えて対応しています。

第 3 章

「きんぎょモデル」の成り立ちと構成

「きんぎょモデル」の原型は、『誰でも使える教材ボックス』（学苑社）の中に掲載している「発達の考え方図」になります。（図２）そこに事業所での学びや新たな考え方を加えて構成し直したものが「きんぎょモデル」です。以前は、「様々な機能」「気持ちや思い、調整力」「心理的安定」の３層構造に基盤として「健康状態・体調」「感覚機能や運動機能」の２つを配していました。

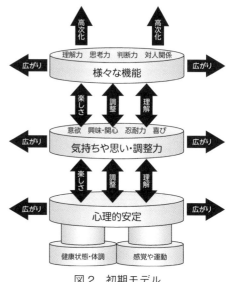

図２　初期モデル

「きんぎょモデル」では、「心理的安定」を「心の安定」、「気持ちや思い・調整力」を「心の育ち・非認知能力」とし、「様々な機能」を「学びの育ち・認知能力」としました。また、配置についても縦並びから「心の安定」を基盤としてその上に「心の育ち・非認知能力」と「学びの育ち・認知能力」を横並びで配置しました。そして、それ全体を支えるものとして、「健康の維持」と「感覚と運動」を同じように位置付けています。

「児童発達支援きんぎょ」開設当初は感覚と運動の高次化理論を用いた認知発達を中心とする事業所をイメージしていたのですが、現実には個々に応じた個別指導を１人で７コマ連続は不可能でした。また、実際にやってきた子どもたちを見ていると、認知発達を中心に進めるよりも、まずは「心の安定」だったり、興味や意欲をもつこと、うまく遊ぶことなどの必要性を感じました。

ちょうどその頃に出会った言葉が「非認知能力」です。「非認知能力」については、前述しましたが、「楽しむ力」「興味・関心」「意欲」「頑張りぬく力」「人との関係を結ぶ力」「自己肯定感」などとして考えています。「非認知能力」は、将来の生活にも影響を与える力として世界的に注目され、経済、教育、社会、

福祉など様々な分野で研究されるようになりました。

この「非認知能力」は、教員時代から大切にしたかった子どもの気持ちや思いを表すものでした。これを中心とした子ども理解ができないかと考えて生まれてきたものが「きんぎょモデル」になります（図3）。事業所という場で職員や保護者の方へ「非認知能力」を分かりやすく説明していくために、「心」という言葉に替えることにしました。「心」

図3　初期のきんぎょモデル

について説明するのは難しいのですが、イメージはしっかり存在しているのではないかと思います。筆者にとっては、「非認知能力」が「心」のイメージにピッタリ合うものでした。そこで「非認知能力の育ち」を「心の育ち」と位置付けることとしました。

では、「認知能力」についてはどんな分かりやすい言葉で表されるかを考えた時、思いついたのが、「学び」です。必ずしも同じではないと思いますが、イメージ的にはしっかりつながるものと考えました。そこで「心の育ち」に対する言葉として「学びの育ち」が生まれてきました。

ただ、先にも述べたように「心の安定」がなければ、何をしても難しいという思いがありました。どちらの育ちを支えるものも、「心の安定」であると考え、最初の「きんぎょモデル」が生まれます。これを用いてきんぎょの職員や保護者に説明していくと、どなたも「分かりやすいです。実感できます」と答えてくれました。自分の実感をもって分かりやすいと思えることが、一番伝わりやすく、納得のいきやすいものと思います。そこで、この形をベースとして考えていくこととしました（図4）。

「非認知能力」という言葉と出会い、「認知能力」との違いを探ることで「認

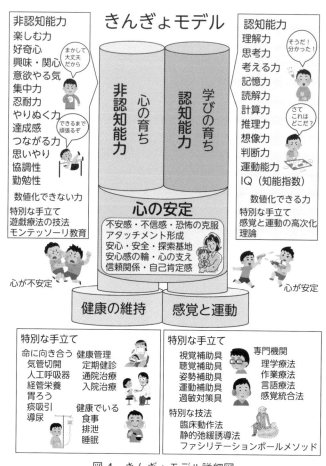

きんぎょモデル

非認知能力
楽しむ力
好奇心
興味・関心
意欲やる気
集中力
忍耐力
やりぬく力
達成感
つながる力
思いやり
協調性
勤勉性

数値化できない力
特別な手立て
遊戯療法の技法
モンテッソーリ教育

まかして大丈夫だから

できるまで頑張るぞ

非認知能力　心の育ち

認知能力　学びの育ち

認知能力
理解力
思考力
考える力
記憶力
読解力
計算力
推理力
想像力
判断力
運動能力
IQ（知能指数）

数値化できる力
特別な手立て
感覚と運動の高次化
理論

そうだ！分かった！

さてこれはどこだ？

心の安定
不安感・不信感・恐怖の克服
アタッチメント形成
安心・安全・探索基地
安心感の輪・心の支え
信頼関係・自己肯定感

心が不安定

心が安定

健康の維持　　感覚と運動

特別な手立て
命に向き合う　健康管理
気管切開　　　定期健診
人工呼吸器　　通院治療
経管栄養　　　入院治療
胃ろう
痰吸引　　　　健康でいる
導尿　　　　　食事
　　　　　　　排泄
　　　　　　　睡眠

特別な手立て
視覚補助具　　専門機関
聴覚補助具　　理学療法
姿勢補助具　　作業療法
運動補助具　　言語療法
過敏対策具　　感覚統合法

特別な技法
臨床動作法
静的弛緩誘導法
ファシリテーションボールメソッド

図4　きんぎょモデル詳細図

知能力」についての理解も深まりました。筆者にとっては、進めようとしていた感覚と運動の高次化理論の取り組みを「認知能力」を育てる手立ての中心として位置付けることで、感覚と運動の高次化理論を子どもの発達のありようの中に位置付けることができました。もちろん、感覚と運動の高次化理論は認知面だけのものではありません。発達全体にかかわっていくものですが、認知面に特化できるほど、使いやすくまとめられたものと思います。

　「学びの育ち」の特別な手立てとして、感覚と運動の高次化理論を位置付け

ましたが、モンテッソーリ教育の進め方なども活用できるものと考えています。発達支援が必要な子どもたちは、様々なタイプがあり、特別な手立てについてもその子に応じたものを提供できればと思います。発達支援では、様々な技法が生み出されていますが、そうしたものも含めながら柔軟に対応していくことが大切になります。

　「非認知能力」がどのように育つのかについての研究も進み、その多くが遊びの重要性を指摘しています。まさに「子どもは遊びで育つ」という言葉の通りです。遊びの中でも特に重要とされているのが、子どもたちが「自発的主体的に行う遊び」です。簡単に言えば、「やりたいことを思いっきりやる中で非認知能力は育っていく」ということです。「非認知能力」を伸ばすには、「遊び」がキーワードになります。支援する際の特別な手立てとしては何があるかを考えた時、遊びを題材とする「遊戯療法の技法」が思い浮かびました。

　一般に遊戯療法は３歳くらいからとなっています。言葉の代わりに遊びを使って自己表現を促し、治療につないでいく形が基本となりますが、遊びそのものがある程度成熟していないと遊びの中での自己表現は難しいとされています。筆者自身も大学にて遊戯療法を学び、特別支援学校の中で実践してみようと試みましたが、子どもたちが勝手な遊びをただ続けるだけでうまく展開できませんでし

1. よい治療関係を成立させる（＝ラポール形成）
　　→信頼関係、この人なら大丈夫、この人といたい
2. あるがままの受容を行う
　　→勝手な解釈をせず、「そうなんだ〜」「やったね〜」
3. 受容的雰囲気をつくる
　　→警戒感や不安感を与えない雰囲気
　　「いいよ〜」「やってみて〜」「大丈夫！」
4. 適切な情緒的反射を行う
　　→気持ちを表す表現
　　「えっ！」「びっくりした！」「やった〜」「うわっ！」
5. 子どもに自信と責任をもたせる
　　→思いを応援、失敗から学ぶ
　　「できたね〜」「すご〜い」「失敗やな〜」「どうしよう」
6. 非指示的態度をとる
　　→思ったことをやってみてOK！
　　「どれにする？」「やってみる？」「それがいいの？」「なるほど……」
7. ゆっくり進む過程であるため、進行を急がない
　　→全て子どものペースで進める。時間が必要。
　　「いいよ、ゆっくりで」「待ってるから」「もう１回やってみる？」
8. 必要な制限を与える
　　→終了時間、禁止事項、安全の確保について最小限の制限
　　「それだけはダメ！」「これはここまでだよ！」「これは無理だよ！」

図５　アクスラインの８原則の内容

た。確かに治療として利用するのであれば３歳くらいからということになりますが、遊戯療法で使われるかかわり方の技法、特にアクスラインの８原則（図５）などは、子どもが自らその遊びを充実させていくための支援として使うことが可能であり、実際に活用してきました。この子どもを中心としたかかわり方は、モンテッソーリ教育とも共通する部分だと思います。臨床現場では、生後６ヵ月くらいの子どもから活用しています。取り入れた場合と取り入れなかった場合の比較報告はできませんが、小さくてもその子なりに受けとめ、対応を進めて成長していく様子がよく見られます。

　「認知能力」にしても「非認知能力」にしても、生き生きと発揮できるようになるには、「心の安定」が必要です。心が不安定な状態では、思いや学びをうまく調整できません。不機嫌な時、不満な時、不安な時、落ち着きがなくなり、集中できずに時間を過ごし、だんだんイライラが激しくなり最後には怒りだしてしまうことがよくあります。日常生活でも心が不安定な状態では、トラブルが多くなります。「心の安定」に課題のある子も多く、他の活動に大きく影響していくことから根源的課題であることが分かります。

　「非認知能力」と「認知能力」の関係で、まず非認知能力が育って、それが認知能力を高めていくという考え方があります。それが逆であるという考え方もあります。どちらもなるほどと思える面がありますが、実際に子どもたちと実践を続けていると、それは、互いに補い合い、高め合う関係であるということがよく分かります。「これは何？」と何かに気づいた時、気づくことは認知能力ですが、「なんだろう？」と調べたくなるのが非認知能力であり、その思いが認知能力を引き出していきます。さらにそこから興味や意欲が深まりさらなる認知へと進んでいきます。どちらがかけても展開していかなくなります。したがって、「きんぎょモデル」の中では「心の安定」の上に２つを並べる形で表記しました。

　生活の中で、あるいは発達支援の中で必要な活動がこの３点で十分かというとそうではありません。実際には様々な活動がなされていますが、その中でも重要な基盤となるものが「健康の維持」と「感覚と運動」です。この２点につ

いては、初期のモデルにも記載していましたが、やはり基盤となる事項として、以前とは違った視点でまとめ直すことができました（図6）。第4章で詳しく解説します。

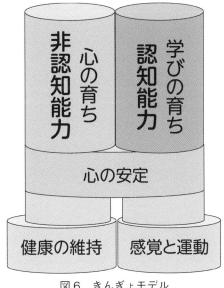

図6　きんぎょモデル

ちょっと休憩

「きんぎょモデル」にある5つの項目について、筆者の約35年間の特別支援学校教員時代を思い返してみました。

健康の維持⇒医療的ケアの子どもを何人も担当し、感染症にも気をつけながら、随分と力を注いできました。

感覚と運動⇒感覚機能や運動機能を高めるため、様々な専門的技法の技術や理論を学び、授業の中へも取り入れました。

心の安定　⇒すぐに思いつかず、泣いたり怒ったりした時に、なだめるような対応をしてきた程度という印象です。

心の育ち　⇒楽しみや興味、意欲を引き出そうとしたり、我慢を強いたりしてきたことはありますが、こちらの都合に合わさせようとすることが多かった印象です。

学びの育ち⇒授業を通して、最も熱心に取り組んできた部分かと思います。

教材・教具の製作にも力を注ぎました。

「心の安定」「心の育ち」に取り組んだ印象が薄いことに気づきました。

今の筆者を5項目で振り返って見ると

健康の維持 ⇒ 癌を発病して以来、通院が日常のものとなった。

感覚と運動 ⇒ 老眼に老人性難聴が進行、身体も思うように動かない。

心の安定　⇒ 教員時代の苦手な仕事がなく、心が極めて安定している。

心の育ち　⇒ 今の活動が楽しく、非認知能力が極めて向上している。

学びの育ち ⇒ 漢字が思い出せず、計算力も著しく低下している。

年を取っても「心の安定」と「非認知能力」は以前より向上しています。

この2つを育てることに熱心ではありませんでしたが、今言えるのは、この2つが充実することで、筆者は生き生きした生活を過ごせているということです。

第 4 章

各項目の内容
（実際場面での進め方）

「きんぎょモデル」の使い方は、大きく2つの使い方に分かれており、1つは子どもの理解を深める時の観点として、もう1つは、自分がしていることの意味を考える時の観点として使うことができます。「きんぎょモデル」にある5つの項目には、それぞれ含まれる内容があり、その内容について検討することで、細かな部分を押さえながら全体像の中で考えることができます。自分のしていることが、5項目のどの部分に当たるのかを考えることが意味を考えることとつながってきます。意味がはっきりすることで、自分のしていることに自信をもつことができ、さらにどんな工夫が必要なのかについても考えることができるようになります。

1　健康の維持

（1）生命を守る
　命を守る、生きるための取り組みとなるものが含まれます。最重度の障害のある子の場合、人工呼吸器が必要だったり、酸素が必要だったりします。こうした生命維持のための医療的ケアの事項について考えます。

（2）健康診断・治療
　健康を守るための取り組みが含まれます。医療機関と連携し、健康診断や定期検診を実施していきます。病気やケガへの対応、慢性疾患のケア、てんかん治療、投薬などについて考えます。

（3）生活習慣
　健康を保つための取り組みが含まれます。適切な生活習慣を身につけることは、健康な生活を維持するために重要となります。特に①睡眠、②排泄、③食事は特に重要で、適切な指導や対応が求められています。

排泄

2 感覚と運動

　子どもが成長、発達していくためには、外部からの情報をいかに取り入れ、いかに対応していくかが重要になります。取り入れる機関としての感覚機能、対応する機関としての運動機能を高め、充実していくことが、成長発達の基盤となります。感覚や運動を補うために視覚であればメガネ、聴覚であれば補聴器が開発されてきました。運動機能を補うために、義足や杖、姿勢を補うために姿勢保持具などが開発されてきました。

　発達支援が必要な子の場合、感覚機能や運動機能に何らかの障害があり、それが発達に影響していくことがあります。そうした場合、さらに特別な対応や手立てが必要となります。これらを駆使することで、感覚機能を改善し、無理なく情報を取り入れ、より確かな学びへ近づけていくことができます。運動機能を改善し、無理なく操作し、動かすことでより的確な使い方を学んでいくことができます。いくつかの具体例を紹介します。

　補助具として、

> 視覚補助具、聴覚補助具、姿勢補助具、運動補助具、過敏補助具など

訓練技法として、

> 理学療法、作業療法、言語療法、感覚統合法、ボバース法、運動療法など

教育技法として、

> 臨床動作法、静的弛緩誘導法、FBM、TEACCH プログラム、ABA など

　ここに上げたもの以外にも様々な技法や手立てが開発されています。これらを利用することで、不足する情報を補うことができるようになります。

　こうした特別な手立ては、日々進化していたり、継続していく必要があったりします。より成果を出していくためには、定期的に検査を行い、常に見直しや検討していくことが大切となります。

定期的な検査

3 心の安定

　「心の安定」のためには、心が不安定になる要因としての、不安や不満、不信をなくし、安定する要因としての安心感や、楽しさ、満足感、信頼感を感じられるようなかかわりや生活が必要となります。ここには、愛着形成や信頼関係、心の支えがあることや自己肯定感などがかかわってきます。いずれにしても、人との深いつながりが心の安定を生み出していく基礎になると考えています。

・心の安定を読み取る際のチェックポイント

> ① 不安感、緊張感、不満感、不信感のようなものがあるか
> ② 愛着や信頼関係が形成されているか
> ③ 安全基地、安心基地の状態
> ④ 心の支えがあるか、活用できているか
> ⑤ 自己肯定感をどの程度もてているか

・心が不安定な場合の表れ

> ① すぐに怒ったり泣いたりする
> ② すぐに自傷行動や他害行為が出てくる
> ③ チックが出始めたり、しゃべれなくなったりする
> ④ 落ち着きがない（視線が安定しない）
> ⑤ 母親に助けを求めることが少ない
> ⑥ イライラしている様子がある
> ⑦ 遊べない、楽しめない（脅迫的遊び方）
> ⑧ 人の話を聞けない

・心の安定へつなげるためにできること

① 話を聞き、理解していく
② 気持ちを共感的に受け止める
③ 好きなことを一緒に楽しむ
④ ダメなど、否定的な声をかけない
⑤ 無条件の愛情と無条件の褒め言葉
⑥ 要求をできる限り受け入れる
⑦ 心の支えとなるものを見つける
⑧ 適度な距離感と無理のない支え

　子どもの表情や動き、行動をよく観察し、内面をいかに読み取っていけるかが子どもの理解や、適切な対応へとつながっていきます。日頃から子どもの思いや考えていることに、こちらが思いを寄せる習慣が大切になると思います。

　子どもとかかわる時に最も大切にしていることが、「子どもの尊厳を尊重する」ということです。1人の人間としての存在を認め、大切に対応していくことが重要となります。子どもは大人が支配するものではなく、都合よく言うことを聞かせる存在でもありません。その子を尊重し、大切に思うことが、その子の安心感を育み「心の安定」へとつながっていきます。自分が周りから大切にされていること、認められていると思えることがその子の自己肯定感を育てていきます。他人が肯定してくれなければ、自分を肯定することは難しくなります。

　自己肯定感、それは根拠のない自信のようなものといわれますが、この「根拠のない」という部分が重要で、根拠に基づく自信であれば、根拠が崩れると自信も崩れてしまいます。自己肯定感は、窮地に落ちた時に自分も支えてくれたり、守ってくれたりします。どんな子でも、成長に伴い自己肯定感がダメージを受けてしまうことがあります。そんな時には、心の支えになるものが重要な役割を果たしていくようになっていくのです。

4 非認知能力（心の育ち）

　非認知能力は、様々な活動を体験する中で育っていきます。まず、何らかの刺激が入ってきます。そこに気づき（あっ！）が生まれ、それが好奇（あれ？）（なに？）心や興味・関心へつながります。そこから解明しようと探求心、意欲、集中力、忍耐力を生み出し、達成することで、できた感、満足感、達成感が生まれます。それが自信につながり、自信が心の余裕を生み出していきます。

　興味関心が物に向かう場合は、興味や思いの広がりにつながり、人に向かう場合、コミュニケーションへとつながります。そこに環境や状況の理解が進むことで、周りとの協調性や思いやり、今はちょっと我慢した方がいいかなという自制心へとつながっていきます。

・非認知能力（心の育ち）をチェックするポイント

> ① 興味、関心、好奇心があるか？
> ② 楽しむことができるかどうか？
> ③ 意欲があるか、努力ができるか？
> ④ 達成感や自信が見られるか？
> ⑤ ちょっとした我慢、気持ちの調整は？
> ⑥ 相手への思いやりや共感、気遣いは？
> ⑦ やり遂げる力や頑張り抜く力は？

　非認知能力は認知能力のように数値化することができたり、物差しではかったりできるものではありません。それだけに評価が難しいと思います。確かに明確ではないですが、様子を見ているとさりげないしぐさや表情の中で見て取れるようなことも多々あります。

　興味があればアクションを起こしますし、なければ何もしません。楽しい時は表情や動作に表れます。意欲があれば根気よく続けますし、できた時には「やったー」と喜べます。是非、活動の様子から読み取ってください。

・非認知能力（心の育ち）が不十分な場合に見られる様子

> ① 表情が少ない、興味がもてない、楽しめない
>
> ② 集中力、持続力がない、すぐ諦める
>
> ③ うまくできず、不機嫌になることが多い
>
> ④ 気持ちの切り替えや他者とのかかわりが苦手
>
> ⑤ 積極性がなく、受身的になりがち

・非認知能力（心の育ち）を支援していくためにできること

> ① 自発的、主体的な遊びでいっぱい遊ぶ
>
> ② 子どものやりたいことを優先で考える
>
> ③ 一緒に楽しみ盛り上がる（楽しさ共有）
>
> ④ 結果ではなく、プロセスや頑張りを褒める
>
> ⑤ 必要な時の必要な手助け（過剰にならない）
>
> ⑥ 遊びに関心をもち、温かく見守る

　子どもの自発的・主体的遊びや活動が非認知能力の育つ場となります。興味があればあるだけ、意欲的に取り組む、簡単には諦めない、という状態がすぐに生まれてきます。意欲的に取り組むことで集中力も上がり、いろいろな工夫ができるようになります。そんな時は、こちらが手伝おうとすると拒否されることもよくあります。助けを借りないで自分でやりたい思い、自分でできる自信が育ってきます。思いが膨らむことで、少しのことでは諦めなくなり、頑張る様子、頑張りぬく様子が見られるようになります。失敗させないようにするのが支援ではなく、失敗の中から解決策を見出していけるようにすることが支援となります。こうして失敗を乗り越えて成し遂げていくことで達成感や自信が生まれてきます。頑張ったこと、頑張れたことが自分の自信となっていき、さらなるチャレンジへ向かうエネルギーとなっていきます。

5　認知能力（学びの育ち）

　認知能力には、理解すること、考えること、判断すること、行動することなどが含まれますが、これは非認知能力と結びつくことによって最も効果的な学びを生み出していきます。

　認知能力（学びの育ち）をチェックするポイントして次のような項目を考えています。大きく分けると受け止める側面と出していく側面があります。

・理解力、知識や技能面（何を知っているか、何ができるか）

> ① 何をどの程度理解できているか？
>
> ② 気づきの度合い、認知の度合い（感覚、知覚、認知）
>
> ③ 運動発達、姿勢、粗大運動、巧緻動作、協応動作
>
> ④ 道具や材料の理解、使い方、操作方法
>
> ⑤ 相手の意図や気持ち、要求や指示の理解

・思考力、判断力、表現力など（知識、技能の活用）

> ① 具体的記憶やイメージ・象徴による記憶ができるか？
>
> ② 思い出して参考にすることができるか
>
> ③ その理解を実際に活用できるか？　工夫できるか？
>
> ④ どちらか選ぶ、どれかを選ぶ、自分なりに決める
>
> ⑤ 自分なりの応答や表現、動作表現、言葉での表現

　まずは、情報を理解し、蓄積していく機能があります。蓄えられた知識や情報を直面する課題解決に向けて利用します。その作業はほぼ頭の中で進められ、自分の力に応じた具体的行動に変えていきます。この複雑な情報操作を短時間で効率的にこなしていける力が認知能力ということになります。

・認知能力（学びの育ち）が不十分な場合にみられる様子

① 遊びが広がらない、同じ失敗を繰り返す
② 名前や用途、遊び方が覚えられない
③ 相手の思いや要求を理解できない
④ 手の操作や道具の使い方が向上しない
⑤ 「分かる」が分からない

・認知能力（学びの育ち）を支援していくためにできること

① 学びに向かう力（非認知能力）を高める
② 課題の前段階からの見直し
③ 認知発達の支援となる理論の導入
④ 学びの材料（教材、教具）の開発
⑤ 縦の発達より横の発達
⑥ 個々の特性に応じた対応（応じ方に応じる）

　発達支援の必要な子どもたちの中には、ある特定の事項について早期から顕著に高い認知能力を発揮する場合があります。数字や数字の並びに興味をもって、3歳くらいでカレンダーを作っている子がいます。海の生き物に興味をもって、名前だけでなくその特性を覚えている子もいます。日本語ではなく、外国語に興味をもって話し始める子もいます。なぜ、そんなことが起こるのでしょうか？　保護者に聞いてみると、ほぼ全てがYouTubeの影響ということでした。

　今は生後6ヵ月くらいからYouTubeを見始めることもあるようです。使っているうちに操作方法を覚え、興味ある動画を見つけると関連動画が表示されるため、どんどん見続けるようになります。その結果、様々な情報にいつの間にか接するようになり、自然に学びの世界が広がっていきます。その結果、認知能力が育っていく子どもたちも多くなっているのではないかと思います。

6 「きんぎょモデル」の使い方

　それぞれの「きんぎょモデル」の項目について内容をまとめてきました。実際には、今回まとめきれていないものが山のように残されていますが、「こういうことが、ここの内容に含まれるのか」というイメージづくりに役立ててください。簡単に区分できないものもたくさんあり、見方によっては別の項目になってしまうものもあるかもしれません。ただ必要なことは、その時その時の子どもや状況によって柔軟に考えていくことです。

　幼稚園や保育所、学校、施設、事業所それぞれに目的や役割があり、それぞれが有効に機能するための子どものとらえ方や課題設定の仕方、実際の進め方があります。その際、どうしても偏りが生まれたり、特定の項目だけに焦点が当てられたりすることがあります。そんな時に、一度「きんぎょモデル」を利用して、今やろうとしていることは、どのあたりを狙っているのか、他の項目との関連は必要ないのかなど、見直していただくツールとしてお役に立てるのではないかと思っています。

　「きんぎょモデル」は、年齢や利用される場所にかかわらず、その子について考えるための材料を配置した枠組みのようなものと考えています。どのあたりに課題があるか、どのあたりが苦手なのか、得意なのか、他の項目との関連を踏まえながら考えることができます。年齢の影響も受けないことから、生活や人生という流れの中でつないでいくためのツールとしても使うことができます。まだまだ活用方法については、検討を進めていく必要がありますが、使う中で見えてくるものもあり、それを整理することで活用方法の充実が図られていくのではと思います。

　次の章からは、使う場所に応じた使い方について紹介していきます。実際に関西発達臨床研究所のメンバーがそれぞれの場所で取り組んでいることについて、実践現場からの報告の形でまとめています。是非、参考にしてください。

第 5 章

実践現場に合わせた
「きんぎょモデル」の活用

「きんぎょモデル」を発達支援の様々な場所でどのように活用していくことができるのか、ごく一部になりますが現場の実情に合わせて考えていきたいと思います。ここでは、子どもに焦点を合わせ、一般の学校、特別支援学校、児童発達支援・デイサービス事業所、個人経営の教室についてポイントを絞って考えてみたいと思います。

1　一般の学校での活用

　平成29年度からの学習指導要領の改訂に伴い、新しい学びの方向性として「生きる力」をより具現化するために示されたのが、「育成すべき資質・能力の三つの柱」です。それは、現在の技術革新、時代の変化に対応するものであり、学びの型ではなく、「学びの質」に着目したものです（図7）。

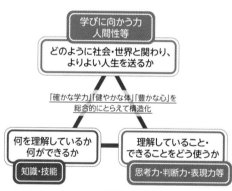

図7　育成すべき資質・能力の三つの柱

　「三つの柱」の中で特に注目されているのが「どのように社会・世界と関わり、よりよい人生を送るか」で設けられた「学びに向かう力・人間性等」です。この部分はまさに非認知能力を表したもので、ヘックマン教授による「人生をより豊かにする力としての非認知能力」、OECDがまとめたレポートにある「学びに向かう力」などを受けた形になっています。

　今回の改定のポイントとして、教科学習中心に行われてきた、教師が伝授するという学習様式ではなく、子どもが主体的に共同して学びを進めていくようなアクティブラーニングが効果的学習様式として示されています。

　「きんぎょモデル」の5項目から考えると、「知識・技能」と「思考力・判断力・表現力等」が「認知能力（学びの育ち）」に該当し、「学びに向かう力・人間性等」が「非認知能力（心の育ち）」ということになるかと思います。こ

の中に「健康の維持」や「感覚と運動」の部分が含まれていないのは仕方がないように思います。ただ残念に思うのは、ここには「心の安定」の部分が示されてなく、「心の安定」とつながりの深い非認知能力である「楽しむ力」や「興味・関心」なども見えにくい状態です。

　「心の安定」がベースにあって成り立つ構造ではないかと思うので、授業を進めていく中で、是非配慮を加えてください。30万人を超えて増え続ける不登校の子どもたちのためにも、心のケアを中心とした取り組みを学校教育の中にも充実させていってください。

　ただ、今回の改定で非認知能力の内容が組み込まれたことは大きな成果であり進歩であると思います。受ける学びから主体的、自発的学びへの展開は、子どもたちの興味や意欲を育み、積極的に活動しようとする力へとつながってきます。その力は卒業後の生活や学びの中で活かされていく力となり、「よりよい人生」へとつながっていくのではないでしょうか。

　学校の中で「心の安定」に向けて何ができるかと考えた時、最も重要と思えるのが「子どもの尊厳の尊重」です。子どもを所有物や下の存在として扱うのではなく、1人の人間としての人格を認め、尊厳を尊重するかかわり方、対応の仕方を心がけていきます。これは「アクティブラーニング」を中心とする新しい学習様式にもつながるもので、是非取り入れていってほしい事項です。自分の尊厳が尊重されることにより、自己肯定感も生まれてくると思います。認めてもらえないような環境では、自己肯定感も育たないでしょう。

　一般の学校では、「きんぎょモデル」を通して見ると、「心の安定」の部分が弱いことが分かります。ここに課題意識をもって日々の活動に取り入れていくことで、個人の中でのバランスも整ってくると思われます。「心の安定」の部分では、愛着形成の不十分さが背景にあることもよくあります。その場合は専門的対応も必要となってきます。原因が分かることで対応策も生まれてきますので、心を配りながら子ども理解を進めていただきたいです。

2 特別支援学校での活用

特別支援学校には、一般の学校の指導内容に加えて、自立活動という内容が設定されています。自立活動は、「個々の児童又は生徒が自立を目指し、障害による学習上又は生活上の困難を主体的に改善・克服するために必要な知識や技能、態度や習慣を養い、もって心身の調和的発達の基礎を培う」とされています。特別支援学校、特別支援学級、通級による指導の場において、特別に設けられた指導領域です。自立活動は、前出の「育成すべき資質・能力の三つの柱」を支えるような役割を果たします。

きんぎょモデルの項目	自立活動の6区分
学びの育ち（認知能力）	環境の把握　身体の動き コミュニケーション 人間関係の形成
心の育ち（非認知能力）	（人間関係の形成） （コミュニケーション）
心の安定	心理的な安定 人間関係の形成
感覚と運動	環境の把握 身体の動き
健康の維持	健康の保持

図8　きんぎょモデルと自立活動の項目対比

自立活動は、「人間として基本的な行動を遂行するために必要な要素」と「障害による学習上または生活上の困難を改善・克服するために必要な要素」で構成され、6つの区分と27の項目に整理されています。それを大雑把ではありますが、「きんぎょモデル」と合わせて考えてみると図8のようになります。

一般の学校の「育成すべき資質・能力の三つの柱」には明確に示されていなかった「心の安定」に係る部分が、自立活動の中では「心理的な安定」として1つの区分として示されています。学びを支えるベースの部分として、心の安定が重要であることが分かります。逆に「きんぎょモデル」を通して見えてくるのが、自立活動の中にあまり含まれていない心の育ち（非認知能力）の部分です。それぞれの区分の各項目を確認しても、楽しむことや興味や意欲についての頑張りぬくといった表記は見られません。自立活動は主体的に取り組むことが重要で、主体的になるためには、楽しかったり、興味があったり意欲的に取り組むことが必要になるので、非認知能力についても抑えていく必要があり

ます。

　学校という特性上、どうしても教師が指導的になり、子どもが受け身的になることが多くなります。しかし、「育成すべき資質・能力の三つの柱」や「自立活動」の内容を考えると、子どもは受け身的ではなく能動的であること、教師は指導中心よりも支援的かかわりが重要となることが分かります。少しでも主体的になるために、できる限り自分たちで考えることや行動することを準備されたものだけでなく、選択肢を作り、どれにするか、どちらにするか自分で考えて行動していけるような工夫をしていくことが大切となります。

3　児童発達支援や放課後等デイサービスなどの事業所での活用

　ここ数年の間にも、児童発達支援や放課後等デイサービスの事業所が数多く生まれてきました。発達支援の必要な子どもたちにとって、身近な場所に通える事業所ができ、ニーズに応じた療育内容を選択できるようになることは、とても良いことです。さらにこれからも、それぞれの事業所での活動が充実したものになればと強く願っています。規模は小さいですが、その分、自由度が高く、細かな対応のしやすさもあり、個々に応じたきめ細かなサービスを提供できることが大きな魅力の１つだと思います。

　児童発達支援は、大別すると「発達支援（本人支援及び移行支援）」、「家庭支援」及び「地域支援」からなります。ここでは、「発達支援」の「本人支援」に焦点を当てて考えます。「本人支援」では、障害のある子どもの発達の側面から、「健康・生活」、「運動・感覚」、「認知・行動」、「言語・コミュニケーション」、「人間関係・社会性」の５領域において、日常生活や社会生活の充実を大きな目標として支援していくこととなっています。

　現在、５領域を全て含む総合的な支援がサービス提供の基本として新たに位置付けられており、この５領域とのつながりを明確化した支援プログラムの策定・公表が義務付けられています。ここでは、５領域と「きんぎょモデル」の５項目の関係について考えます。

きんぎょモデルの項目	ガイドラインにある5領域
学びの育ち（認知能力）	認知・行動 言語・コミュニケーション
心の育ち（非認知能力）	人間関係・社会性 言語・コミュニケーション
心の安定	（人間関係・社会性）
感覚と運動	感覚・運動
健康の維持	健康・生活

図9　きんぎょモデルとガイドラインの項目対比

「きんぎょモデル」と5領域を内容で関連付けて見ると、図9のようになります。細かく見ていけば、これらの項目は様々に絡み合っているため、いくつも重なり合ってしまい、余計に分かりにくくなるかと思いましたので、中心的なもののみのまとめとしました。言語・コミュニケーションの部分は、「学びの育ち」「心の育ち」のどちらにもかかわっていますが、中心は学びの育ちであり、心の育ち、いわゆる非認知能力の面では関連が薄く感じられます。

　また、人間関係・社会性が、「心の育ち」「心の安定」にも入っています。「心の安定」の部分では、5領域の中に直接的に表現されたものはなく、関係するとすれば人間関係・社会性ということで入れましたが、内容的にはまだ弱いように思います。できれば「心の安定」は、基盤ともなる部分なので、丁寧に見て、丁寧に対応していく必要があります。

　認知・行動と言語・コミュニケーション、人間関係・社会性はかなり深くかかわっており、あえて分けて考えるよりも、総合的な支援として考えるのであれば、関連させた状態でまとめていく方が自然な形ではないかと思います。支援計画を記載する場合も、「学びの育ち」という大きな枠組みを作っておいて、そこに含まれる内容として、「認知・行動」「言語・コミュニケーション」があると位置付ける方が分かりやすいでしょう。いずれにしても分かりやすい記入様式を作る必要があります。

4 「きんぎょモデル」に基づく個別支援計画

　児童発達支援や放課後等デイサービスでは、ガイドラインに示されている本人支援の5領域に基づいた個別支援計画の作成が義務付けられています。これにより、発達支援の質を一定ラインで維持したり、さらに高めていくことが目

的とされています。「きんぎょモデル」の考え方では、「心の安定」がその子の成長や発達の基盤となりますが、ガイドラインには「心の安定」という項目は示されていません。ただ「心の安定」に大きくかかわる項目として、(オ) 人間関係・社会性の (a)「アタッチメント (愛着行動) の形成」や (e)「自己の理解とコントロールのための支援」は「心の安定」に大きくかかわる項目となります。その部分を「心の安定」で抑えるとして、「きんぎょモデル」に基づく個別支援計画の様式を作ってみました。是非参考にしてください。

個別支援計画　　　　　　事業所名：

利用者名	支援期間	年	月	〜	年	月	期間終了後の評価月	年	月
様	児童発達支援管理責任者					作成日		年	月	日
	担当者					説明日		年	月	日

長期目標	
短期目標	

◆具体的な目標及び支援内容

項目	具体的な目標	支援内容	
		支援方法・留意点	ガイドライン項目
健康の維持			本人 (ア) 健康・生活 (a) (b) (c) (d) (e)
感覚と運動			本人 (イ) 運動・感覚 (a) (b) (c) (d) (e) (f)
心の安定			本人 (オ) 人間関係・社会性 (a) (e)
心の育ち 非認知能力			本人 (エ) 言語・コミュ (a) (b) (c) 本人 (オ) 人間関係・社会性 (b) (c) (d) (f)
学びの育ち 認知能力			本人 (ウ) 認知・行動 (a) (b) (c) 本人 (エ) 言語・コミュ (a) (b) (c)

全ての内容について確認しました。　　　　　利用者署名

5　目標の作り方・書き方

　支援計画の中には、長期目標、短期目標の他に、そこへ向かうために現在向かおうとしている具体的な目標があります。長期目標や向かうべき方向性を示すものでもあり、ある程度抽象的な表現も必要となってきますが、直近の具体的な目標については、達成できたのかどうかがきちんと評価できるものでなければなりません。そのためには、具体的な目標を作った時点で評価しやすい言葉を入れておく必要があります。評価する際には、①質的な要素、②量的な要素、③条件的な要素で考えるとよいでしょう。それぞれに例を示しますので、参考にしてください。

（1）評価しやすい目標を作るために加える要素
①質的な要素

> 認知度
> 　いろいろな絵の中から、動物だけを迷わずに集めることができる。
> 楽しみ度
> 　活動に笑顔で取り組み、その活動を期待して待てるようになる。
> 習熟度
> 　説明がなくても課題に取り組めるようになる。
> 活用度
> 　必要な場面で自ら補助具を使えるようになる。
> 操作度
> 　○、△のなぞり書きができるようになる。
> 適応度
> 　泣いたり嫌がったりせずに、最後まで参加できるようになる。
> 定着度
> 　繰り返し行っても確実に完成させることができるようになる。
> 応用度
> 　いろいろな曲線や形のなぞり書きができるようになる。
> 満足度
> 　できたことに気づき、できたことを喜べるようになる。
> 反応度

提示された課題に対し、素早く対応できるようになる。
自信度
　　できるようになったことに再度チャレンジできるようになる。
意欲度
　　苦手なことに対して繰り返し取り組むことができるようになる。
自己実現度
　　自分で定めた目標に、繰り返し努力することができるようになる。

②量的な要素

頻度
　　5回に1回程度は、正しい選択ができるようになる。
時間
　　5分程度、1人で座れるようになる。
間隔
　　1分程度時間を空けても、2つの物を覚えて持ってくることができる。
距離
　　3m程度の独歩ができるようになる。
回数
　　指を吸う常同行動を、授業中3回程度に減らすことができるようになる。
個数
　　正しい物を5個の中から1つ選択できるようになる。
高さ
　　15cmの高さの台に補助なしで上ることができるようになる。
広さ
　　90cm×180cmのベニヤ板の上で車いすの方向変換ができるようになる。
大きさ
　　5mm角のチップを指先でつまむことができるようになる。
重さ
　　5kgの鉄アレイを片手で持ち上げることができるようになる。

③条件的な要素

時間帯
　　登校後すぐであれば、眠らずに課題に取り組むことができる。
場所
　　給食室でなくても食事ができるようになる。
介助度
　　肘を少しサポートするだけで、筆を使って描画活動に取り組むことができる。

人的要素
　担任の先生であれば、緊張せずにスムーズな応答ができるようになる。
好み・興味
　興味のある楽器であれば、差し出しただけで音を鳴らせるようになる。
使用する道具
　グリップ付きのスプーンであれば、食べ物をのせて口まで運ぶことができるようになる。
説明の程度
　説明がなくても、課題を理解し最後まで取り組むことができるようになる。
慣れ
　見通しのもてる活動であれば、最後まで集中して取り組むことができるようになる。
集団の質
　なじみのある人たちの中であれば、落ち着いて参加することができるようになる。
集団の大きさ
　10人くらいのグループ活動であれば、興奮せずに参加することができるようになる。

（2）同じものを使っても、目標により評価点が違う

①串差し課題

　ダンプレートの穴に串を入れていく課題です。「きんぎょモデル」で考えた時、この教材に関係しそうな項目は、「感覚と運動」「心の安定」「非認知能力」「認知能力」があります。どんな目標が設定できるかを考えています。以下が評価ポイントです。

　❶感覚と運動

　　・取り組む際に姿勢を安定させることができる。

　　　⇒動きに応じてどの程度姿勢を安定させることができたか。

　　・穴を見つけることができる。

　　　⇒入れるべき穴を見つけることができたか。意識できたか。

❷心の安定

　・半分程度であれば、落ち着いて取り組むことができる。

　　⇒気の散り具合、集中度、興奮度などはどうだったか。

　・ゆっくり作業することで、テンションを下げることができる。

　　⇒急ぎ過ぎてイラついていないか。

❸非認知能力

　・提示された作業に対して興味や意欲をもつことができる。

　　⇒自分からやろうとしたか、失敗しても再チャレンジできたか。

　・達成感を味わいながら楽しく作業を続けることができる。

　　⇒できてる感をもって笑顔で作業できているかどうか。

　・最後まで１人で取り組むことができる。

　　⇒援助がなくてもできたか。終点をしっかり感じられたかどうか。

❹認知能力

　・終了の理解ができる。

　　⇒最後の１本の意識があったか。さらに入れようとしなかったか。

　・順番に入れていくことができる。

　　⇒１つずつ確認しながら入れられたか。隣という意識があったか。

　・とがった方から入れることができる。

　　⇒串の先の確認ができたかどうか。間違えた時修正できたか。

②三角形を探す課題

　〇の中にある三角形を探し、その三角形をなぞって書いたり、同じ三角形の透明プレートを形の上に重ねたりする学習です。課題としては図―地弁別で、見分ける力を養います。線をなぞったり、形を合わせたりする作業は目と手の協応やペンやプレートの操作といった課題となります。

❶感覚と運動

　・取り組む際に安定した姿勢を維持できる。

　　⇒姿勢の崩れに対して修正的な動きで保てるかどうか。

・直線を見つけることができる。

　⇒線の違いに気づき、直線を
　　意識できるかどうか。

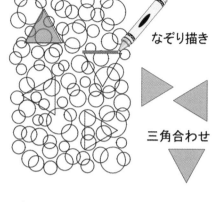

なぞり描き

三角合わせ

❷心の安定

・落ち着いて手際よく完成させ
　ることができる。

　⇒最後まで集中して取り組め
　　たか。余分な動きはなかっ
　　たか。

　⇒無理に頑張り過ぎてイラついていないか。

❸非認知能力

・提示された課題に対して興味や意欲をもつことができる。

　⇒自分からやろうとしたか、失敗しても再チャレンジできたか。

・達成感を味わいながら楽しく作業を続けることができる。

　⇒できてる感をもって笑顔で作業できているかどうか。

・最後まで1人で取り組むことができる。

　⇒援助がなくてもできたか。終点をしっかり感じれたかどうか。

・できた感を共有することができる。

　⇒終わったと思った時に、笑顔でこちらを向けるかどうか。

・困った時に助けを求めることができる。

　⇒諦めずに、何らかの助けを求める表現ができるかどうか。

❹認知能力

・三角形を見つけることができる。

　⇒直線を引こうとしたり、形を合わせようとするかどうか。

・課題を理解し、的確に完成させることができる。

　⇒手際よく作業できたかどうか。間違い修正ができたかどうか。

・形の重なりを理解したり、多様な形を見分けることができる。

　⇒形の重なりや形の違いに自分で気づくことができたかどうか。

6 自発的・主体的遊びを通して子どもたちに見られた変化

（１）自傷行動や他害行為のある子どもたち

　硬い床に頭をぶつける子、テレビやガラスに頭をぶつける子、自分の手を噛んでしまう子、耳元の柔らかい部分を親指で突き刺し血だらけになってしまう子、友だちをたたいたり、突き倒したりしてしまう子、物を投げてしまう子など、本当にいろいろな子がいます。このような問題行動があるということで、事業所を訪ねてくる場合もあります。確かにそういう行動を起こしている子に対応するのは難しいと感じることもありますが、「きんぎょ」では、そのような行動が見られません。指導や対応をする以前に、そのような行動がないのです。

　「きんぎょ」では、基本的に自分の好きなことを好きなだけ行います。余程の危険を伴わない限り制限することがありません。そういう状況では、自傷や他害を起こす必要がないようです。「きんぎょ」だけの様子を見ていると、自傷や他害があることすらわからない子もあります。

　自由に過ごせる「きんぎょ」ですが、一番子どもが不安定になるのが帰る時です。「きんぎょ」に来ている子のほぼ全員に帰り渋りがあります。この時間の対応が難しいのですが、できる限り納得してもらえるように、終了時間の10分前にチャイムを鳴らしたり、時間で区切らずに、遊びの切れ目を区切りとしたり、好きなおもちゃを持って帰ることを認めたりしています。中には粘土で作った作品を玄関に飾ることで自分で区切りをつけて帰ることができるようになった子もいます。

　「きんぎょ」での遊びは、「心を満たす」ことを目的としています。最後に嫌な思いをするのではなく、満ち足りた思いで帰ることができるような対応を心がけています。遊んだ

後のかたづけも多くの場合は子どもがするのではなく「きんぎょ」のスタッフがしています。こうした対応も、自傷や他害が起こらない要因になっているのではないかと考えています。

（２）こだわりの強い子どもたち
　こだわりを否定的にとらえて問題行動のように扱うことがありますが、こだわりはその人らしさでもあり、個性や特性ととらえる方が実際的であると考えています。中には手を何度も洗ったり、特定の物を放そうとしなかったり、強迫神経症のように感じられる場合もあります。そのこだわりが自分の興味や嗜好から生まれているものであれば、そこにはできる限り付き合っていこうと思っています。それとは別に不安回避のためにそれにすがっているような場合は、その行動を否定せずに認めた上で、不安を和らげるような安心感や心の癒しとなる物を提供していきます。
　前者のこだわりは、その子の中に強い興味や意欲、集中力を生じさせます。その結果生まれる発想力や思考力、記憶力や操作力には驚くべきものがあります。ASD といわれる子どもたちの中にはその特性の強い子もいて１、２歳から発揮できるようになります。今は、YouTube の影響が大きいと感じています。言語的には英語を覚えたり、アルファベットの配列を覚えたり、数字を並べてカレンダーを作ったりする子もいます。
　その子たちに対してそこにあるこだわりを否定するのではなく、むしろその

こだわりを充実させて伸ばしていくような対応を続けてきました。その充実により心が満ちてくると次のステップへと展開していきます。より高度な関連する物への展開もありますが、全く違う予想もしていなかったことへ展開する場合もあります。よくあるのが、電車系やアニメ系で

す。中には、交差点にある信号機にこだわったり、電車の終着駅にこだわったりする子もいました。自分のこだわりを認められて育ってきた子は、生き生きしている印象と特定の能力の高さに圧倒されることがあります。

　「きんぎょ」でその子たちへの対応の際に気をつけているのが、いろいろなものに興味や好奇心をもてるようになることです。造形や絵画など社会的に認められる興味であれば、その世界で力を発揮できるようになるかもしれませんし、ゲームに浸っていた子が新たなゲーム開発やプログラミングの仕事などで成功してくこともあります。

　実際に臨床の現場にいて、難しいのは「こだわりのない子」です。何をしてもなかなか定着しない場合や、ある程度のレベルになれば、そこで満足して止めてしまう場合などがあります。指示待ち、受け身的になってしまう場合も多く、遊びを考えたり工夫したりするのも苦手です。こういう場合の対応の方が難しいです。

（３）言葉の遅い子どもたち

　言葉の出ない子どもには、知的発達の遅れで言葉の遅い子ども、ASDの影響で言葉を出さない子ども、言葉はあるけどしゃべらない緘黙の子どももいます。緘黙の場合は後述しますので、ここでは、知的発達やASDの子どもたちについて「きんぎょ」での実践の中からエピソードとして紹介します。

　「きんぎょ」開設当時、同時期に「言葉がない」ということで担当するようになった３歳、４歳、５歳、７歳のASDの子どもがいました。どこか特徴が似ていて、特定の物にこだわりが強く、人と関係を結ぶのが苦手、非常に活発で多動、追い詰められると全員に自傷と他害がありました。みんな物に向かう思いが強くて、黙々と自分の好きなことをしています。その様子を見て、「物に向かうエネルギーが人に向くようにならないと言葉は出てこない。しかも元々しゃべるのが苦手なのであれば、ことばを出すためには、それだけ人に向かう大きな思いや力が必要」と思いました。そこでまずは彼らの遊びの中に入り、その遊びを一緒に充実させていくことで、人に気づき、関心をもち、受け

「笑っちゃうよね」

入れていけるようになることを目指
しました。遊びの内容はそれぞれに
違いましたが、基本的な考え方やか
かわり方は一緒でした。

　この４人が変化していくわけです
が、その変化のきっかけは「大笑い」
を共にしたことでした。そこから人
への意識に変化がみられるようにな
り、ことばがついてくるようになり
ます。３歳の子は「２階行こ！」、４歳の子は「持ってて」、５歳の子は「笑っ
ちゃうよね」、７歳の子は「ぶどう」が筆者への最初の言葉でした。

　そこからは、活動を続けていく中で少しずつ言葉が増えていきます。１番た
くさんことばが出たのは、３歳の子、次は４歳の子でこの２人はうるさいぐら
いしゃべるようになりました。５歳の子は必要な時にはきちんとしゃべります
が、おしゃべりではありません。７歳の子は必要な時に最小限の言葉で伝えて
くることができます。年齢と言葉の獲得状況の因果関係は分かりませんが、同
時期に同じようにかかわりながら、言葉につながっていった経験はとても貴重
でした。

（４）緘黙の子どもたち

　現在３人の子どもが来てくれています。２人はきょうだいで、そのきょうだ
いは家の中では活発にしゃべりますが、外では全くしゃべらないとのことでし
た。もう１人の子は ASD の診断も受けています。家でも口数は少なく、外で
はほとんど声を出しません。基本的には「きんぎょモデル」の考え方で、好き
な遊びを一緒に楽しむ活動を続けています。どの子もテンションが低めなので
すが、無理にテンションを上げていくような遊び方をするのではなく、それぞ
れの遊びに寄り添う形で無理のないペースで進めてきました。緘黙の中には、
声を出さないだけでなく、動きも止めてしまうことがあります。きょうだいの

姉は来所当時はそのような状態でした。無理にさせてできるものでもないので、じっとしていることを認めながら、弟と指導者が遊ぶという形を続けてきました。靴下の裁断でできるリングのようなものを投げ合う遊びです。今はその遊びを弟よりも激しい動きで参加しています。声はまだ出せていませんが、声を意識さ

靴下リング

せるようなアプローチは一切していません。今の彼女を認め、生き生きと過ごすことが何より大切と考えています。

　弟もしゃべらない子でしたが、今は遊びの中でたくさんおしゃべりができるようになりました。生き生きした外へ向かうエネルギーと、自分のペースを認めてもらえる安心感が、言葉を出すことにつながったと思っています。

　ASDの女の子も、ままごとでのバーベキュー遊びをきっかけによく声を聴かせてくれるようになりました。お肉を食べるまねをしながら彼女が言った言葉は「歯の裏にはさまっちゃう」でした。

第 6 章

実践現場からの
報告

1 児童発達支援事業所から

「きんぎょモデル」を生み出した事業所

高橋 浩

実践現場

　「きんぎょ」という名称の児童発達支援の事業所が実践現場となります。奈良県大和郡山市にあり、日本一の金魚の産地であることから、事業所の名称を「きんぎょ」としました。支援時間は1人50分の完全個別です。利用頻度はまちまちで、週2回の子もいれば、月1回程度の子もいます。1時間という短さや相談しながら進めていくことも考え、保護者による送迎と付き添いをお願いしています。2019年5月開設という比較的新しい事業所です。

　指導内容は「感覚と運動の高次化理論」に基づく認知発達支援を中心に取り組みを始めました。児童発達支援の対象児は、就学前の子どもで、0歳から6歳となります。

　オープンまでの準備期間が1ヵ月しかなかったため、環境設定や教材教具などの設備も不十分なままのオープンとなりました。準備が整っていない中で、個々に応じた個別指導を進めていくのは難しく、特に1人で1日に5人以上の子どもを担当することはほぼ不可能な状況でした。教材や環境設定が整っていく中で次第に難しさは減少していくことになりましたが、学習の進め方の点で難しさが出てきました。

　学習に向かう力が弱く、学びへの興味がないため、課題を提示しても応じようとしない子どもたちが数多くいました。また、学習活動には応じてくれても学びへの意欲が少なく、長続きしないという子どももいました。中には課題に応じようと頑張りすぎてストレスをためていくようなケースもあります。

　幼稚園や保育所、こども園などでは、子どもたちの主体的遊びを中心としたカリキュラム編成が行われているところがたくさんあります。そうした通常の就学前教育に倣い、児童発達支援においても、その子の遊びを充実させていくことで発達支援につなげていくという流れを実践していくこととしました。

60

　紹介する事例は、３歳から「きんぎょ」に来るようになった子で、４年を経て小学校の支援級に入学しました。少し ASD の傾向があるということでした。発語が少なく、人とのかかわりが苦手という印象がありました。こだわりも少なく、逆にもう少し自己主張があってもいいのではと感じることもありました。机上学習に臨む姿勢もしっかりしており、課題を提示すると淡々とこなしていくことができました。同じもの集めや違うもの探しなど、認知の基礎となるような課題学習を中心に行っていきました。

　課題理解も早く、次々に課題をこなしていきましたが、気になったのはあまり感情が現れないこと、表情も乏しいことでした。「やっていて楽しいのかな？」「どうして来るのかな？」という疑問がいつもありました。出される課題をこなしていくことで、考える力や理解力は育っていきましたが、意欲をあまり感じませんでした。そのうちに、時々ボーっとしたり、身体を動かさなくなったりすることがあり、何か対策を考えないといけないと思っていました。そんな時に、お母さんから「最近、行きたがらなくなったんです」という相談がありました。それは自分たちが危惧していたこととつながり、この年齢であれば、もっと活発に遊ぶことが必要なのではと考え、相談の上、本人の好きな遊びを中心に活動を変えていくことにしました。

　「今日からは、好きな遊びをしていいよ」ということでスタートするわけですが、自分からおもちゃを選んだり、操作が苦手でうまく遊べません。「突然言われても何をすればいいの？」という感じでした。たくさんある玩具を選ぶことができず、次々に出してはちょっと触って終わり次を出してしまいます。こちらが遊びを誘導することができたかもしれませんが、それではこれまでとあまり変わりがないということで、まるで散らかすかのようにおもちゃを出し続ける様子を見守っていました。

　何回か、そんな遊びが続いた後、マジックテープでくっついた野菜や果物の模型をおもちゃの包丁で切る遊びが気に入ったようで、最初からその遊びを選んだり、根気よく切り続けたりすることができるようになりました。次第に切るだけでなく、お皿に並べたり、お鍋に入れたりしてままごとへと展開していきます。その時のかかわり方は、遊び方を指導していくのではなく、その子の

遊び方を認め、支援していくような形としました。それは、自分から遊ぼうとする力をできるだけ引き出したかったからです。

　ままごとは切ったり入れたりを繰り返すところで終了し、次に人形遊び、特にアンパンマンのキャラクター人形で遊び始めました。次々に出してきては並べたり、戦わせたりと再現的な遊び方でした。その頃はプラレールでの遊びも活発になってきていたので、プラレールと組み合わせて、電車に乗ったり、駅のホームで人形を待たせたりする様子が見られました。その遊びが定着してきた頃に、電動マッサージやくねくねボールといった感覚遊び系のおもちゃにも興味をもち、単に自分で遊ぶだけでなく、そこに他の人を巻き込んでいくような遊びが増えました。感触系のおもちゃは相手からの反応がはっきりしているため、かかわるための材料として使いやすかったのかもしれません。

　次に続いた怪獣のフィギアを使った遊びでは、怪獣の人形はほとんどハンマーのような使い方をしていました。尻尾を持ってたたきつけます。結構激しくてその勢いで怪獣同士の戦いをするので壮絶なものでした。いつまで続くのだろうと思っていたのですが、ままごとで作った料理を怪獣が一緒に食べるようになって、使い方も変わってきたようです。その頃に始まったお医者さんごっことつながり、怪我をした怪獣を治療するような流れが生まれました。遊び始めた頃には、友だちと接点をもつこともなかったのですが、怪獣遊びやお医者さんごっこで一緒に遊ぶようになり、それなりにきちんと友だちを意識できるようになりました。

　部屋の中にキャンプ用のテントを広げてその中で友だちと一緒に遊んだり、中でお医者さんごっこやままごとをしたりして楽しんでいます。テントを使うと専用空間を簡単に作れることから、自分たちの遊びを意識して進めやすかったのかもしれません。今は、外でみんなと鬼ごっこなどをして、楽しめています。自分たちでルールを作ったり、進め方を工夫したりして、遊びの世界をどんどん広げていけるようになりました。

変化や成果

　表情も乏しく、淡々と課題をこなしていた活動を続けていく中で、次第に覇気や意欲もなくなり、来ることを嫌がりだしたことは、指導員として大きなショックでした。駐車場からは、急な坂道を登って「きんぎょ」にやってきますが、お母さんの後をトボトボと登ってくる様子を見ていると、あまり行きたくないということが推測できました。遊び中心に変わってもしばらくはそんな状態が続いていました。遊びを決めきれずに、次々もおもちゃを出していた時は、まだ表情も硬く、足取りも重かったのですが、遊びが定まり始めると次第に変化が見られるようになってきました。

　最初に見られた変化として大きなものは、笑顔が増えてきたことです。それにともない、声も大きくなり、指導員へのアピールも増えてきました。今まで素直に応じてくれていたのですが、自分の思いと違うことをさせようとすると怒るようになりました。かかわりとしては、ちょっとやりにくさも感じたのですが、「通常、子どもはこんなものかな」との思いもありました。お母さんが時々厳しい顔をするのを見て、不安になったこともあります。

　遊びを中心にして、現在で3年目を迎えていますが、今は得意な遊びもいっぱいでき、自分でも遊び方をどんどん工夫し、大笑いの絶えない毎日です。トボトボ歩いていた坂道も、今はお母さんを置いて駆けあがってきます。遊びは大胆でこちらが思わず制止するようなこともあります。やや発音にくせがあり、聞き取りにくいこともありますが、そんなことは全く気にせずに、いっぱい話をしてくれます。独特の感性に大笑いしてしまうこともあります。お母さんがおかしくて涙を流しながら笑っていることもあり、親子関係の温かさも感じられるようになりました。遊びは、意欲や楽しさを育ててくれただけではなく、工夫する力や想像力、空想の世界観を作り出してくれました。それが実体験以上の仮想体験を生み出し、彼の豊かな創造力の広がりにつながっていったのではないかと考えています。

コメント

　この事例は、「きんぎょ」の中で実際に見てきたこともあり、数年での大きな変化や成長に驚いています。ただ、来始めた頃の方が、出された課題に素直

に向き合えていたのではとの思いはありますが、結局それがストレスを溜めていくこと、過剰適応していくことにつながったのではないかと考えます。そのため、心が不安定となり、体調にも影響が出ていたようでした。だからといって、遊び中心に変えても何をしていいか分からずに、不安定な状態は続きました。自分の思うようにおもちゃを出し続ける遊びが続きましたが、それはその時点での彼の自発的遊び方だったのではと考えています。同じように遊びに移行した時、何もできない状態が続く子もいるので、何らかの行動に移すことができただけ、展開も早くなったと思います。自発的な遊びを通して、意欲の育ち、興味・関心の育ちが顕著となり、遊びへの集中力や思いも育って行きました。うまくいくこともありますが、失敗することも多く、失敗を乗り越えながらやり遂げていくことで、満足感や達成感も大きくなり、自信につながっていったのではないでしょうか。

　これらは「きんぎょモデル」の中で「心の育ち（非認知能力）」と位置付けているものです。また、遊びを通して、理解すること、考えること、学ぶこと、操作性なども確実に育っていきました。この２つの補完的相乗効果により、短期間での飛躍的成長が生まれてきたのではないかと考えています。

　生き生きと楽しむことで成長や発達につながっていると実感できた事例でもあり、「楽しい発達支援」という基本的考え方を生み出してくれた事例の１つでもありました。

※以降 13 の事例を紹介しますが、各事例の最後の「コメント」は高橋浩によるものです。

2

遊びを中心に取り組んだ学校現場から① ⋯⋯⋯⋯⋯⋯⋯⋯⋯⋯⋯
私が出会った驚きの教育実践

島津　雅子

実践現場

「学びの育ち（教科学習）のためには、心の安定と心の育ちの土台を大切にしたい」。その願いのもと、小学１年生の授業の大半は「遊び」の時間として、長年そのような教育実践に取り組み続けている特別支援学校からの報告です。

　私は当時、教室で取り組む学習教材づくりに熱心な中堅教諭でした。そんな私が、ある時、遊びを中心とした教育実践と出会いました。正直驚きましたが、「しかし、面白そうだ！　だまされたと思ってやってみよう！」と仲間とともに遊びを中心に取り組んだ実践を紹介します。

実践内容

「小学生になったら、国語に算数に、お勉強を頑張ってね！」。誰もが疑うことなく、そんなお祝いのメッセージを送ります。しかし、私たちの小学１年生の１学期の学校生活は、①登校して着替えをしたら②遊び、③遊びをたっぷり取り入れた教科学習に少し取り組んだら④また遊び、⑤給食を食べたら⑥また遊ぶ、そして、⑦着替えをして下校という毎日でした。遊ぶことばかりです。

　遊戯室遊びでは、担任と一緒に身体を動かして遊ぶことができます。しかし、不安で遊戯室にやって来ることができない子や遊ぼうとせずにうろうろしているだけの子もたくさんいます。私たちは、それでいいと考えていました。そこに、先生と子どもたちが楽しそうに遊んでいる集団がある、それだけでいいと考えていました。最初は、不安でいっぱいだった子どもたちも、そんな雰囲気に安心感を得て、それぞれのペースで、ちょっとやってみようかなと思うようになり、気がつくと楽しそうな遊び集団が大きく広がっていました。

　サーキット遊具に取り組むことが苦手で、絶対にしないというゆう君がいました。サーキットの時間は、いつも教室を飛び出していなくなっていました。

しかし、ある時、遊戯室にある平均台には上ったり下りたりしている姿がありました。渡りきることはできず、途中で下りてしまい、そのままどこかに走っていってしまいます。でも、また、ふとした時に、挑戦しているのです。ある日、私にパッと手を出して助けを求める時がありました。そうやって初めて最後まで渡りきることができました。そのこともとても嬉しいことでしたが、先生と遊ぶことより、１人でブロック並べをすることが大好きなゆう君が、私を頼りにしてくれたことがとても嬉しかったことを思い出します。

　せっかくピカピカの１年生になったのに、国語や算数の勉強をしていなくて、どうしたことでしょうと思われるかもしれません。しかし、遊ぶことを通して子どもたちはとても大切なことを学んでいます。「学校は楽しい！」と思えること、安心できる大人の存在を感じること、自分からやってみようと思うこと、試行錯誤すること、「残念……もう１回やってみよう」と思うこと、「できた！嬉しい」という気持ち……書ききれない程のたくさんの大切なことを学んでいます。こういった心が育まれてこそ、勉強を頑張ることや、学んだことを自分自身の生活に活かしていこうとする力が育まれていくのだと思います。

　ここだけの話、授業で平均台に取り組むということは、自分の順番が来たら、平均台ができる練習の機会があるということです。「やってみよう！」と思ってなくても順番はやってくるし、失敗した時は、「よし、もう１回」という気持ちにまだなっていなくても、やり直さないといけないのです。本当に大切な心の育ちを保障することはなかなか難しいのです。

　最後に、遊戯室で人気の遊びの１つにシーツぶらんこがありました。子どもたちはすぐにもう１回やりたい気持ちになり、「もう１回」と伝える子どもたちの笑顔で溢れました。言語聴覚士の中川信子先生は、「『言ってごらん』とうながした時にだけ言えることばが10個あることも、それはそれで貴重なことですが、自分から、場面に即していえることばが２つあることは、それ以上に大事なこと」と言っています。教室での国語の勉強ももちろん大事ですが、遊びの中にも生きた国語の学習があるということを忘れないでいたいです。

変化や成果

　１年生の最初にたっぷり遊んで過ごしたみんなも、３学期からは、通常のカリキュラム通りに、グループに分かれての国語や算数の教科学習に取り組みま

した。新しいメンバーでの授業となり、担任以外の先生と勉強する子どもたちもいましたが、不安で泣いてしまう子どもたちをなだめたり、授業に行きたがらない子どもたちへの対応をしたりする必要がありませんでした。むしろ、「どんな勉強が始まるのかな？」と期待の表情をしているではありませんか。「だまされたと思ってやってみた」私でしたが、この時に、「遊び」を大切にした教育実践の素晴らしさを確信しました。

　私たち教師は、学習指導要領というものに基づいて指導を行わなければなりません。そこにも、しっかりと、就学前から１年生段階をスムーズにつなげていくために、「遊び」を学習活動の中心に据えることの大切さについて、また、こういったカリキュラム・マネジメントの取り組みの必要性について示されています。

コメント

　就学前、子どもたちは保育所や幼稚園で遊びを中心とした活動を通して「非認知能力」を養っていきます。そこで育ってくる力として、楽しんだり、興味をもったり、意欲的に頑張ったり、人の話を聞いたりという力があります。その力が十分育っていると学校という違った環境で、これまでと全く違った学習スタイルでの生活が始まったとしても、それなりに適応していくことが可能です。ただ、誰しもその力が十分に育ってから入学するわけではないので、中にはあまり育たないまま入学してしまう子も出てきます。そうした「非認知能力」は子どもたちの自発的・主体的な遊びの中で育ってくるものなので、本来であれば、遊びを続けて学びの土台となる力の育成を図らないといけないのですが、小学校になると一律に学習様式が変わります。足りない力を育てていくための遊びの時間がなくなってしまいます。この状況では、うまく適応できない子どもたちが出てくるのは当然のことと思われます。

　島津先生が赴任した学校では、１年生の２学期までの間、遊びを中心としたカリキュラム編成がされていました。遊びながら「非認知能力」を身に付け、学校生活にも慣れていくという流れができることで、子どもの負担は一気に少なくなり、柔軟な移行が可能となります。まさにこのことを証明するような実践でした。

　この方式が学習指導要領の中でも推奨されていますが、現実にこうした対応

を実施できている学校は極めて少ないのが現状です。自分自身特別支援学校の教員として 35 年間勤務してきましたが、ほとんど聞いたことがありませんでした。発達支援の必要な子どもたちの中には、こうした対応の必要な子がたくさんいるのではないかと思います。中には強引に学校の学習様式に入れられてしまいストレスを蓄積していっているような場合もあるでしょう。その結果、その蓄積が限界に達し、数年後には学校へ行けなくなったり、パニックを起こしたりすることが増えてくることもあります。また二次障障害を引き起こすこともあるようです。自分の経験からも、学習指導要領の中で認められていても現場で簡単に変更できるようなことではありません。難しいことではありますが、是非、こちらの学校のように柔軟に対応できる学校が増えていってくれればと願います。

3

遊びを中心に取り組んだ学校現場から② ·······························

非認知能力が育つことで、学習に向かう力を培う

佐々木 佳

実践現場

　特別支援学校小学部低学年のクラスです。ここでは A くんとします。とても可愛らしく、元気いっぱいの男の子です。偏食がきつくて食べられるものは数少なく、食事も大変です。感覚刺激を求めてあちらこちらへ。教室にじっと座っているのが苦手でした。気が乗らないことに取り組ませようものなら、すぐにどこかへ行ってしまいます。その素早さには驚かされます。

　「さてどうしたものか」と私たち教員は悩みました。そのような実践現場からの報告です。

実践内容

　何とか授業に参加してほしい。あの手この手で、参加できるように誘いかけます。でも……なかなか難しい。見通しをもってもらおうと「勉強を頑張ったらこれができるで」とトランポリンのカードを見せますが、「今」できると思ってしまう A くんには逆効果で大暴れです。

　走っていく A くんをトホホと肩を落として追う毎日でした。そんなある日、ふと A くんが大笑いする姿を見ました。「なんて楽しそう」「あんな表情するんや」私たちはびっくりしました。いつも逃げていってしまうというとらえ方ばかりしていましたが、どうやら彼にとっては何か目的があるようです。一体何をしているのか知りたくて、大人の目線でなく、A くんの目線でみてみようということになりました。

　A くんは必ず校庭に出て行きます。その遊びは実にユニークでした。砂を手でかき集めることに熱中して、何時間でもその感触を楽しんでいます。そしてその遊びの時間こそが、A くんが最も主体的に動き、生き生きと活動している時間だったのです。

　私たちは考えを変えました。「無理に連れ戻すのをやめよう。そしてできる

限り、Ａくんのこの遊びにじっくりと付き合うことにしよう」。成果が出るのかは分かりませんでしたが、作戦の練り直しです。朝着替えを済ませると真っ先に校庭に飛び出して行き、たっぷり遊んで、授業へ戻ります。1つ課題を頑張ったらまた校庭へ出て行きます。自立活動の時間の優先項目として、Ａくんにとって心の安全基地となっている遊びを十分に保障し、その時間を軸として1日の生活を組み立てることから始めました。

　最初のうちは感触遊びに没頭していたＡくんでしたが、そのうちに遊びの様子に変化が出てきました。スコップを使って穴を掘りはじめ、そしてその砂を運搬用の2輪車に入れて運び出しました。

　「遊びの次元が変わってきた」と私たちは少しワクワクしました。感触そのものを味わう遊びから、より創造的な遊びにアップグレードしていったのです。

　学年が上がると、さらに変化が起きました。砂を入れた2輪車を押して水場へ行き水を注ぎます。水量を横目で確認して、入れすぎたら戻して調節し、また砂場に戻ってそれをコンクリート職人のように塗るのです。まさに職人さながらの丁寧さで創造していく姿には感心しました。私たち教員は汗をかきながらひたすら一緒に遊びました。基本的にはＡくんのすることをまねしたり隣で声をかけたりするのですが、時々「こうしてみたら？」と提案してみました。自分で決めたいＡくんは拒否することが多かったのですが、まれに受け入れることも出てきました。そして「みず（ください）」とお願いしたり、スコップを一緒に掘ってほしいと要求したりと、やりとりしようとする姿勢も出てきたのです。これには驚きました。

変化や成果

　遊びに変化が出だした頃、生活面でも少しずつ変化が出てきました。まず言葉が増え、こちらが言うことにも意識を向けるようになりました。そして何より、授業に参加できる時間が徐々に伸びていきました。Ａくんは好きな遊びを通して「今」をやりきり、満足感を得たこと、感覚欲求が十分に満たされたことで「次」を獲得することができたのでしょう。「今」と「次」がわかるようになると、気が乗らない授業も、大好きなトランポリンのカードとにらめっこしながらやりきることができるようになりました。苦手な給食も、大好きな校庭の見える扉の前で、帽子を被って靴を並べて、いつでも出られる用意をして

食べるというチャレンジをしました。「今」頑張れば「次」の楽しみがあると分かることで、ずいぶんと食べられるものが増えました。

　支援学校に入学してくる子どもたちの多くは、私たちが考える以上に混沌とした世界に生きていると感じます。1日に区切りがなく、初めと終わりが曖昧な世界は、きっと不安でたまらないことでしょう。大好きな活動を満足するまでやりきり、自分で納得して、区切りをつけていく。周りから強制されるのではなく、自分で実感しては始まりと終わりのつながりを獲得していく。その中でいくつものやりとりを通して、他者を受け入れることも学んでいく。これらの力＝非認知能力を数値で測ることは難しいですが、全ての学習や生活の土台となり、間違いなく生涯彼らを支える大きな力となっていきます。Aくんの場合は、中庭で思い切り身体を使って遊ぶことで非認知能力を獲得していきました。

　「勉強に行くよ」と声をかけると、戻るもんかとばかりにすべり台に駆けのぼっていたAくんは、中学年の終わりには遠くから名前を呼びかけるとすぐに教室に戻ってくるようになりました。そして少しずつ、遊びの時間を短くしても受け入れていくようになったのです。

　私たちはついつい、いつも近道を探します。落ち着いて授業を受けてほしい。集団に参加してほしい。焦り、急いでしまいます。しかしAくんはとても大切なことを教えてくれました。こうしてじっくりゆっくり土台を作ることが、ゆくゆくは主体的に学習に向かう力につながっていくのだと。私たちも視野を広くもち、子どもたちの伸びる力を信じてかかわっていかねばならないと教えられました。

コメント

　Aくんに対して柔軟に対応していけたこと、それを実現できた周りの人たちや環境にも拍手を送りたい気持ちです。「いつも逃げる」というとらえ方から、何か目的があるのではと教員側が思いを切り替えることができたことも素晴らしいです。いったん思い込んだり、決めつけたりしてしまうと、その思いにとらわれてしまい、なかなか切り替えることが難しいです。疑問に思ったとしても、指導する立場としての使命感から何とか授業に参加させなければ、みんなと一緒に活動させなければという思いが勝ってしまう場合も多いです。そこを

きちんと A くんと向き合いながら本人がやりたいこと、遊び中心の活動へ移行できたことが素晴らしいです。

　遊びこむ中で、満足感の中から「今」と「次」を知っていったというとらえ方も的確だったのでしょう。混沌という言葉で子どもの状況をとらえ、その中に「今」と「次」という区切りをつけていくことで、「終わり」を理解し、「始まり」を作ることができました。終点を理解することで、それまでの活動への意識が高まり、内容の理解が進むだけでなく、満足感や達成感を味わうような精神活動も生まれてきます。それは新たな意欲や自信につながり、さらに活動を広げていく中で、非認知能力がどんどん育ってくるような遊びが展開していきます。自信、満足、ゆとりが心の中で広がってくることで、それまで受け入れることのできなかったことでも、受け入れる余裕ができてくるのではないかと思います。その余裕が A くんの世界を広げ、みんなとの活動にも参加できるようになり、そこでの学びを生み出していったのではないでしょうか。

　子どもは好きなものを離そうとするとしがみつこうとしますが、いつでもどうぞと提供してしまうと自分から離れていくことができるような側面があります。これは実際場面でもよくあることで、こちらの思いや対応によって、子どもの中に生まれてくる思いや対応が変わってきます。こちらに引き込むのではなく相手の居場所からスタートしていくことが、自然なかかわり方なのではと思いました。素敵な実践報告をありがとうございました。

「バッタ捕り」の中で育ってきたもの

宮里　生恵

実践現場

　Nくんは特別支援学校に通う小学部3年生の元気な男の子です。知的障害と運動発達に遅れが見られます。そんなNくんは人が大好きです。でも、先生や友だちのことが大好きな気持ちが先走ってしまい、かかわるごとにトラブルになってしまうことが多かったのです。関心を引こうと強くたたいてみたり、偶然に言ったことやしたことに反応が大きくみられると、（相手が嫌がる）その言葉を繰り返し言ってしまったり、と大好きなはずの友だちや大人が困ってしまうようなかかわりばかりになっていました。Nくんには良いところがいっぱいあるのに、どうしてもNくんの周りにはトラブルが絶えなくて褒められることよりも注意されることが多くなっていました。

　そんなNくんを私が担任をしたのは3年生の時です。みんなが嬉しい遊びの時間に「遊びにいってきまーす！」と元気に中庭に走っていくNくん。しかし、よく見てみると、遊び始めても周囲のいろいろなことに気がとられて遊びこむことがありません。おもちゃや遊び道具を手にしても何となく持っているだけです。先生や友だちの遊んでいるのをまねしてみてもほんの数秒で離れていってしまいます。おいかけっこやボール遊びなど大人がかかわりながら一緒に遊び方や遊びの楽しさを伝えようとしても、なかなかNくんの興味や関心にはつながりませんでした。

実践内容

　「Nくんにも好きなものや好きな遊びが見つかるといいな」。そんなふうに思いながら私は一緒に過ごしていました。

　ある日、私は学校の玄関で偶然に見つけたカマキリをそっと捕まえて、教室に連れて行きました。「キャー！！」と飛び跳ね逃げ惑う子に少し離れてそーっと覗き込む子。全く興味を示さない子。そんな中、Nくんがやってきてジーっ

と見つめて、恐る恐る指でちょん。「Nくん！すごい！触れたやん！」と私が喜んでいるとNくんにんまり。「こーやって持つよ」と背中をつまむと持てることを伝えてみました。恐る恐る手を伸ばしては引っ込めてを何度も繰り返しながら、なんとか自分で持ってみようと必死に手を伸ばすNくん。ほんの一瞬カマキリを持つことができたけれど、カマキリの動きにびっくりして放り投げてしまいました。でもすぐに「ぼく、できる！」と再度チャレンジし、今度はきちんとカマキリの背中をつまむことができて「できたよ！みて！」とカマキリの動きにドキドキしながらも嬉しそうな表情でした。「Nくん！カマキリもてたね！すごい！」と周りの先生や友だちも一緒になって大喜び。その日は、とにかく嬉しかったようで会う人会う人に「カマキリ持てたよ！」と報告してまわっていました。下校時間には「カマキリ持ってかえる！」と言い出すほどうきうきのNくんでした。

　次の日、朝登校してくるなり、「カマキリは？」とNくん。カマキリを楽しみに登校してきたようです。そして、Nくんのカマキリ探しの日々が始まりました。

　校舎の中にカマキリが迷い込むことはめったにないことです。うろうろと見て回っては「えーないの？」と、とても残念そうな表情をしていました。登校後と下校前の時間はいつも、スクールバスが止まる玄関にバスを見に行っていたNくん。どんな遊びに誘っても、すぐにもてあまし玄関にバスを見に走っていました。でもこの日は、バスには目も触れず、朝からずっとカマキリ探し。教師を誘って校舎や中庭中を探して回っていました。

　私はそんな姿が嬉しくて「探しに行こうよ！」と、虫網と虫かごを持って裏庭に誘ってみました。なかなかカマキリは見つからないものの、ぴょんっと跳びはねるバッタを発見。私が虫網で捕まえるのを見せてみると「ぼく！やる！」と網を片手にバッタを追いかけるNくん。なかなか跳びはねるバッタのスピードについていけません。何度も何度もトライし続けるうちに跳びはねるバッタを網で捕まえることができました。

　それから毎日登校して朝の準備ができたら「せ

んせい！いこう！」と、網とカゴを持って
裏庭へ。カゴいっぱいになるまでバッタを
捕まえに行くようになりました。網で捕ま
えると「せんせい、やって」とはじめは捕
まえたバッタをカゴに入れるのは私の役割
だったのですが、自分で網の中のバッタを
つまんでカゴに移すこともできるように
なってきました。バッタを入れようと、カ

ゴの蓋を開けるとバッタを移しているうちに中のバッタに逃げられていたの
が、繰り返すうちに、サッと蓋を閉める技まで身につけていました。力加減が
うまくできなくてバッタから茶色い汁が出てしまっていたのも、「そーっとね」
と優しくつまむことを繰り返し伝えているうちに優しくつまめるようにもなっ
てきました。そして、毎日口癖のように言っていた「バスみにいく」は言わな
くなり、毎日時間を見つけては「バッタいこう！」に変わっていきました。

　カゴいっぱいに捕まえてきたバッタを教室中に出しては、手で捕まえたくて
追いかけるＮくん。そんなことを毎日繰り返しているうちに、同じクラスの
Ｗくんもバッタに興味をもち始め、床に這いつくばってバッタを眺めるよう
になりました。自分が捕まえてきたバッタを楽しみに待っているＷくんの姿
に、Ｎくんもとっても嬉しそうでした。「Ｗくん、バッタいる？」と差し出し
たり、「一緒にバッタ見よう」と誘いに行く姿まで見られるようになってきま
した。

　いつしか、クラスの中だけではなく、学年を超えていろいろな子どもたちが
バッタを見にくるようになり、わざと中庭で放しては、みんなでバッタを追い
かけてつかまえる遊びが広がっていきました。Ｎくんは得意気に「バッタ（と
り）する？」と友だちや教師に差し出したり、捕まえてあげたりして楽しむよ
うになっていきました。

　「草むらの中で跳びはねる虫を見つけられた高揚感」
　「必死に虫を追いかけるわくわく感」
　「自分で捕まえられた達成感」
　「虫を通して友だちとかかわりができ友だちが喜んでくれる満足感」
　Ｎくんの心は虫取りを楽しむ中で「できた」「嬉しい」をたくさん感じ、ど

んどん満たされていくようでした。

　好きなことがみつかり、好きな遊びでＮくん自身が満足できることで、友だちへのかかわり方にも変化が見られるようになっていました。友だちが"嫌がる反応"ではなく、友だちが"喜んでくれる反応"に心地良いと感じるようになり、優しく肩をたたいて呼んでみたり、「○○くん、中庭行く？」と誘いに行ったりする姿まで出てきました。そして、友だちと教師が追いかけっこやくすぐり遊びをして楽しんでいるのを見て、「ぼくもして」と自分からかかわりを求めて遊びに入ってくるようになってきたのです。友だちや教師との心地良いかかわりのある遊びが楽しくなり、Ｎくんの好きな遊びまた１つができました。

　今では、遊び以外の時間にも友だちの顔を覗き込んで笑いかけたり、手を差し伸べたり、時には友だちに譲る姿まで出てきています。何より「ぼくできるで！」と自信がついてきたようでいろいろなことに挑戦する姿が増えてきました。

　興味ある遊びを十分に行うことで、充足感をもち情緒が落ちつきます。すると、今まで気づかなかった周りの事象に気づいたり、新しい感情に気づいたりとその子の世界が広がり始めるような気がします。

　子どもたちにとって、「やりたい」「見たい」「触りたい」「行きたい」などの思いは何かに向かう原動力となります。だからこそ、そのように思える好きな遊びがあり、興味をもてるものが必要となるのです。これらは、子どもたちの成長と発達にとって欠かすことのできない大事な要素だと思っています。私たちは教師は、授業だけでなく学校生活の全てにおいて、子どもたちが心揺さぶられるような活動や遊び、実物に触れて感じられるような実体験「できた！」をたくさん実感できる取り組みを通して子どもたちの心と身体を育んでいきたいと思っています。

　宮里先生の人間的優しさが伝わってくるような実践報告です。最初にびっくりしたのが、宮里先生がカマキリを捕まえて子どもたちに見せたことです。な

かなかカマキリを手で捕まえられる人はそうはいないと思います。カマキリを見てキャーと言っている子の方が普通な気がしました。きちんとＮくんにカマキリの持ち方まで指導しているのですから、素晴らしいです。

　Ｎくんはビクビクしながらもカマキリに触れます。まさにここが転機になった一瞬でした。そこを逃すことなく持てたことを「すごい」と認め、本人にも伝えています。ここがＮくんの自信を引き出し、カマキリへの興味を駆り立てていった点ではないでしょうか。カマキリを持つことができた自信がそこからのＮくんを変えていきます。もう毎日バスを見に行く必要もなくなります。

　発達支援が必要な子の中には、自分で遊びを考えて遊ぶのが苦手という子がいます。その子たちは自由時間が苦手です。何をしていいか分からず、ただうろうろするだけということもあります。どの遊びにも乗り切れない、楽しめないＮくんも、同じような状態だったのではないでしょうか。もてあます時間、バスを見に行くことが心の支えになっていたのではないかと思います。

　カマキリに触れたＮくんは依然のＮくんとは違ってきます。自分にもできたことが自己肯定感を高めていきます。きっとそんなふうにできる自分をいつもイメージしていたのではないでしょうか。ピッタリはまった感じです。一気に興味や意欲が高まり、もっと極めていきたいという思いが積極的な活動につながり、他の子たちも巻き込んでいくことになります。きっとその頃のＮくんは本当に楽しそうだったのでしょう。虫取りの輪が広がり、みんなで楽しめるようになったことは、友だち好きのＮくんにとっては、本当にうれしいことでした。

　カマキリはなかなか見つからなかったので、その役割をバッタが果たしてくれることになるのですが、もうこの時点では、バッタでも満足できるものだったのでしょう。カマキリよりも触りやすことも功を奏して、広がっていく要因になったことと思います。その活動を周りの先生たちが応援してくれたのは、よほど子どもたちの楽しそうな表情や姿に心動かされたからではないでしょうか。

　うまく遊べない、友だちの遊びにも入れないで悩んでいたＮくんに力をくれたのは、カマキリと宮里先生でした。自信をもつことができたＮくんの興味、好奇心、意欲といった非認知能力が噴出していきました。しっかりため込んでいた力は大きなものだったと思います。網の使い方やバッタの持ち方、観察の

仕方といった認知能力にも影響を与え、どんどんうまくなっていきます。見つけた場所の記憶や、どうやって捕まえたのかの記憶も残り、探す場所を考えて探しに行くということも見られたのではないでしょうか。

　非認知能力が伸びることで、認知能力も伸びていきます。このように主体的活動の中で自ら身につけていった非認知能力は、別の物や活動にも影響を及ぼし、楽しみの世界を広げ、認知の世界も広げていきます。

　自信は子どもの心を強くするだけでなく、余裕を生み出していきます。心に余裕をもてるようになることで友だちとのトラブルも少なくなり、それがさらに自信や学びを生み出していきます。カマキリへのタッチがこれ程の影響力を及ぼしたことにびっくりしてしまいますが、その背景には宮里先生の思いと対応が生きていたのだと思います。

5 特別支援学校の授業の取り組みから① ⋯⋯⋯⋯⋯⋯⋯
いつのまにか使えるようになったハンマー

藤原 彩夏・毛房 康代

実践現場

　一言で肢体不自由といっても、使い辛さがある程度から、思うように身体を動かすことができないといった厳しい状態の子まで、かなりの幅があります。途中障害の場合は、以前の記憶を手掛かりに使い方を思い出したり、自分で工夫したりすることもできますが、早期からの要因によりうまく動かせない場合は、新たな動きを獲得することが難しくなります。

　自分にはうまくできないことが分かったり、動く感じそのものがつかめていなかったりすると、気持ちも前向きにならずに、できないものとして結果的に

諦めてしまうことにもなります。何でもないようなことでも、できるようになるためには、人一倍の努力が必要になってくるわけですが、そこには自分でやりたいという本人の強い思いが必要となります。ここでは、ハンマーを使って興味や意欲を生み出し、手の使い方を覚えることで達成感から自信、さらなる挑戦へとつなげていった授業を紹介します。

実践内容

　自立活動の時間にハンマーでたたいてボールを落とす教材に取り組んだ時のことです。Cちゃんは物を自分で握ることができ、それを指定されたところに入れることができます。また、手を上下に動かすこともできるので、この教材は簡単にできるだろうと思っていました。しかし、やってみるとうまくいきません。まず、全然楽しそうではないのです。こちらが「わー！すごいー！」と喜ぶとニコッとはしますが、明らかに愛想笑い……。1つ落としても、2つ目

には手がいきませんでした。どうしたら楽
しんでできるだろうと考え、国語の授業で
やっていた『うずらちゃんのかくれんぼ』
の活動にハンマーでの上下運動を活かした
取り組みを入れてみようと考えました。
100円ショップで印刷できるマグネット
シートを購入して花や実を印刷し、ホワイ

トボード上のうずらちゃんやひよこちゃんの絵の上に貼り付けました。ハン
マーには強力なマグネットをつけ、それにこの花や実をくっつけて取るという
活動です。なかなか面白い教材を作れたと思いながらも、うまくいくかなと不
安だったことを思い出します。

　結果はというと、見事にヒットしました。ハンマーにペタッと花や実がくっ
ついてくることにすぐに気づき、ニヤッと笑って何度もハンマーを当て、花や
実を夢中で取り続けていました。そこで、自立活動での私の支援の方法を少し
変えることにしました。これまでは、ハンマーが当たったらすぐボールが落ち
るように、ボールをぎりぎりまで押し込んでセッティングしていましたが、そ
れをハンマーがボールに当たるかどうかのところで、私が指でボールを落とす
ことにしました。これには、動き（ハンマーを当てる）に対して結果（ボール
が落ちる）が確実に早く出るというメリットがあり、「できた」ということが
感じやすくなるのではないかと考えたのです。すると、自立活動の時間でも笑
顔が多く見られるようになってきました。その後、慣れてきたところで、今後
は一緒に持って何度もボールをたたいて落とすという方法に変えました。これ
まですぐに結果が出ていたのですが、一度触れただけでは落ちません。一緒に
何度もたたかなければいけなくなりました。この頃、国語の授業も次の題材「ど

うぞのいす」に変わり、その中で、ハンマー
でいす作りをするという活動をしていまし
た。トントンと言いながら何度もたたくと
いう行為を経験していたこともあり、嫌が
ることなく受け入れてくれました。

変化や成果

　この活動を１年程続けていたある日、応
援に入ってくれた先生から「ハンマーって
持つのを介助していますか？なんか１人で
全部できているのですけど」と言われまし
た。「本当ですか？偶然じゃなくて？」と
初めは半信半疑でしたが、次の日私が自立活動を担当した時にやってみると、
自分で何度もボールをたたいて落とすことができていました。その様子に私が
驚くと、あははと大声で笑い、誇らしそうな表情。今では、３つのボールをも
のの数分で落としてしまうこともあります。
　また、その影響は音楽の器楽にも現れました。これまではバチを持っても一

度楽器に当てたらすぐにバチを離すなど、
苦手な様子が見られました。しかし、最近
では何度も打つことができるようになりま
した。この間はハンドベルを曲の間中ずっ
と持ち、音を鳴らしていました。
　このように、少しのキッカケで自信を
もって楽しめる教材や活動が増え、それを
通して子どもたちは大きく成長していくの
だなと実感しています。

コメント

　藤原先生のＣちゃんの思いに即した展開と工夫の中で、Ｃちゃんが楽しみ
ながら成長していく姿が生き生きと伝わってきました。「きんぎょモデル」の
中では、「楽しむ」ことが発達を促していくエネルギーと位置付けています。
まさにＣちゃんの場合は、そこに当てはまるのではないかと思っています。
　能力的に考えて恐らくできるだろう、できれば楽しんでくれるだろうと考え
て「ハンマートイ」という教材を準備します。実際にやってみるとなかなかう
まくいかず、Ｃちゃんもあまり楽しそうではありません。通常であれば、その
「ハンマートイ」を使って、楽しくできるような工夫を考えていくところですが、

藤原先生は、別の題材を使ってアプローチしていきます。もっと楽しくできるものとして、他の授業の中でも取り組んでいける『うずらちゃんのかくれんぼ』を使って、花や葉っぱの中からうずらちゃんを探していく課題に変えていきます。葉っぱやお花が磁石の力でどんどんハンマーにくっつき、うずらちゃんが見えてきます。Ｃちゃんにとって玉を落とすよりも、うずらちゃんを探す方がよっぽど面白かったに違いありません。楽しそうにハンマーを使って葉っぱをめくっていく姿が目に浮かぶようです。

　玉落としの場合は、力を込めてたたかないといけないこともあり、手のコントロールが難しくなります。マグネットを使った葉っぱ集めの場合は、葉っぱが勝手にくっついてきてくれるので、できた感や達成感をしっかり味わうことができます。何より「うずらちゃんを探す」というねらいが本人には分かりやすく楽しい物だったと思います。

　この操作を繰り返し進めていく中で、「ハンマートイ」も上手に落とせるようになります。これは間違いなく「ドヤ顔ポイント」だと思います。自分でできることが楽しくて仕方なかったのではないでしょうか。その力が自然にハンドベルを持ち、鳴らすことへつながっていきます。手伝ってもらわなくても、自分でできるということ、やりたい思いや自信という非認知能力が、ハンドベルを操作するという認知能力へ発展していった流れがはっきり見られています。Ｃちゃんがこれからもっといろいろな楽器に挑戦してみたり、様々な操作を楽しんだりすることにつながっていくと思います。

　藤原先生は、学校生活を共にする中で、Ｃちゃんの性格や個性、興味や苦手なことをよく理解して、それに合わせて指導の展開やそこで使う物を工夫しています。子どもの発達レベルや操作性などだけに注目してしまうとこのような展開にはならないでしょう。何より、子どもが楽しみ、自発的、主体的に取り組もうとすること、それが意欲や集中力、頑張り抜く力とつながり、できた時の達成感や自信となります。こうした非認知能力の連鎖の中で、認知能力も育っていきます。まさにそのことを実感できる事例報告でした。

やりたい思いが友だち意識も育てる

白井 加奈子

実践現場

　個々の実態の違いや他児への関心の低さなどから、特別支援学校の授業では、集団の良さを生かした授業づくりが難しいとされています。この授業は、同じ題材を使いながらも個々の子どもたちの活動内容や目標を変えることで、個々に応じた学びや楽しみ方ができるように工夫したものです。

　子どもたちは、活動を共にする中で、自分の課題に取り組むだけでなく、他の子の活動にも関心を持てるようになってきました。それぞれの子どもが興味をもって熱心に取り組む様子を見て、他の子どもたちも心を動かされ、1つの集団での授業としてまとまっていった様子を紹介します。

実践内容

　絵本『からすのパンやさん』を題材にした算数での教材です。6人の子どもを対象にした授業でしたが、身体面では、車いすを使用して四肢に麻痺がある子ども、やや不安定ながらも独歩が可能な子ども、認知面では身の回りの物の名称を理解しつつある子どもや、手指の感覚入力に課題のある子ども、また視覚や聴覚にそれぞれ課題のある子どもと実態は様々でした。その中で、一斉授業の形をとった時、どのような形で授業展開をすればよいのか、いつも悩みます。

　本校では算数の授業において、数の概念へつながる力として、物の有無の気づきの手がかりとなる視覚・触覚などを活用した授業展開を行っています。そこで、1つの題材（この場合はパン作り）の中で、子どもそれぞれのねらいを取り入れた授業づくりを行うことにし、オーブンをイメージした手作り教材を作成して授業を展開しました。私は、授業づくりを検討する中で、「子どもも大人も楽しめること」を大切に考えています。「大人が楽しめる」というのは、決して大人が楽しければ良いというわけではなく、大人が楽しいと思えないものは、子どもも楽しいと思えないのではないかということです。子どもたちが、

ワクワクしたり、驚いたり、触りたい、やりたいと思うものを考えたいと思っているうちに、不思議と自分も楽しくなります。子どもの目標に合わせた授業の構成要素は主に以下のようなものがありました。

・紙粘土を触る／こねる（手指の操作性）
・お盆に載せて両手でオーブンに運ぶ（操作性）
・タイマーのベルが鳴るとレンジに目を向ける（注視）
・オーブンの庫内が明るく／暗くなることに気づく（注視）
・扉が開くと紙粘土パンがスクイーズパンに代わっていることに驚く（物の永続性）
・トングを使用してバスケットにうつす（道具の使用）
・スクイーズパンの温かさに気づく（感覚への気づき）
　※パンはカイロで温めておく

「紙粘土の感触が気持ち良いかな」「お盆で運べたらごっこ遊びみたいで楽しいかな」「扉を開けたら入れたはずの紙粘土（白いパン）が、ふっくら美味しそうなパンに変わっていたら面白いかな」などと考え、その中で上記のねらいにアプローチできたらよいと考えました。

変化や成果

　取り組みの中で、1人の子どもが、別の子どもがトングでお盆にパンを載せているのを見て、自分もやりたいと言い出しました。その子どもは、筋緊張が強く、自立活動の時間には、上肢の動きを調整するべく、ストレッチなどをしながら、目の前の物を操作するという課題に取り組んでいました。いつも、真面目に淡々と取り組んでいたのですが、このトングの時は笑顔で、ある意味必死に何度もチャレンジしたのです。実際にはその子どもにとってはとても難しい課題です。それでも、何度も諦めずに取り組む姿を見た時に、やはり自身がやりたいと思う力は大切だと感じました。また、友だちの取り組みを見て、自分もやりたいと思う気持ちを抱いたということも、非常に意味のあることだと思いました。

　『からすのパンやさん』というお話から発展し、オーブンでパンを作るという題材設定の中で、それぞれの目標を達成していくことをねらった授業だと思います。この題材は、楽しむこと、興味をもてることという非認知能力の基礎をねらったもので、そのための要素が満載だったと思います。まさにこの設定が功を奏して、子どもたちのやりたい思い、意欲が前面に出て、積極的な行動を促していきます。さらにここでは、6人という人数がいることも活かして、他の子が楽しむ様子や操作する様子をみることからやる気を引き出すという集団ならではの手法も使われています。やりたいという意欲（非認知能力）が、身体の動きやトングの操作といった体の使い方（認知能力）を引き出していくという状況が生まれました。

　ここでは、使った道具などの環境面を中心にまとめられていますが、このような物的環境だけでなく、詳しくは書かれていませんが、子どもたちをその気にさせるかかわり方（人的環境）もうまく働いていったのではないかと思います。子どもたちにとって、楽しむ力や興味関心を向ける力が、そこから先、意欲などの非認知能力を高め、認知能力の向上につながっていくかを如実に表したケースです。

より本物に近いものを感じる工夫

橋本 知恵子

実践現場

　五感を刺激する実体験ほど、子どもたちにも伝わりやすく興味や好奇心、思いや意欲を引き出してきます。ただ肢体不自由の子どもたちにとっては、運動機能の制限から、身体を使ったり、自分で操作したりという体験が難しくなります。不足する部分を他の感覚に働きかけることで、対象への興味や思いを育てていくことが重要になりますが、機材や安全性の問題などで難しいこともよくあります。

　そんな中で、より本物に近い体験をさせてあげたいとの思いから、芋ほりと焼き芋を題材とした授業を計画しました。以前であればたき火をしてその中でお芋を焼いて食べるという活動も問題なくできていたのですが、今は簡単にできることではなくなりました。少しでも実体験に近いものを感じてもらうために工夫したことやその時の子どもたちの様子を紹介します。

実践内容

　絵本『いもいもほりほり』を題材にした算数の授業で、たき火で焼き芋をつくろうという単元に取り組みました。

　7人の子ども（内1名は訪問籍の子）を対象にした授業で、四肢に麻痺があり車いすを使用していたり、見えにくさや手指の感覚入力に課題があったりと個々の実態は様々なため、「五感に働きかけ」て「言葉のイメージを育てる」活動の中でも、手指を使う活動を積極的に取り入れていました。

　集めた落ち葉に火をつけ、もくもくとした煙のけむたさを我慢しながら、ポカポカ温かいたき火でさつまいもを焼く……想像しただけでワクワクします。たき火での焼き芋体験では、落ち葉を集めることで「触覚」に、たき火のぱちぱちとはぜる音は「聴覚」に、やわらかい灯りは「視覚」に、煙のにおいは「嗅覚」に、そして甘くておいしい焼き芋は「味覚」に、と五感に働きかけること

ができます。

　ところが、いざたき火をしようとなると自治体によっては届けが必要となったり、煙、におい問題があったりします。また室内で行うことが難しいため、天候や気温に左右されてしまいます。また落ち葉を集めてのたき火となると、衛生的に配慮が必要ですし、車いすを使用している子どもたちなので、地面での焚き火ではなかなか手が届きにくいのです。何とか室内でリアルな焼き芋体験ができないだろうか、思考錯誤しながらたどりついたのが、次の教材でした。

　まず、フェルトや図工の時間に自分たちで画用紙に模様をつけ、作ったさつまいもを引っ張って抜いたり、掘り起こしたりする活動を存分に取り組みました。その後、焼き芋体験に取り組みました。

　手順は①さつまいもをアルミホイルで包む、②落ち葉に見立てた画用紙の葉っぱを集める、③葉っぱの中にアルミホイルで包んださつまいもを入れる（この時こっそりアルミホイルの中に「カイロ」を入れる）、④全体の電気を切り、焚き火の灯り（ライト）をつける、⑤機械で煙を出す、⑥小型ヒーターで温風を送る、⑦電気をつける、⑧落ち葉の中からアルミホイルで包んださつまいもを探す、⑨アルミホイルの中からさつまいも（カイロ付き）を取り出す、という流れです。

　本物の落ち葉を拾ってきて「におい」を体感した後、画用紙の葉っぱを触る活動に取り組みました。室内で活動できるので、気温や天候に左右されませんし、衛生的で繰り返し取り組むことができます。立体的な焚き火は直接触ることができるので、「見えにくさ」のある子どもには特徴を手で触ってとらえやすいものでした。

変化や成果

　フォグマシーンは水とグリセリンを混ぜた液を熱して煙にするため、無臭無害なもので、気管切開をしている子どもや人工呼吸器の子どもにも安心して使うことができます。室内の防火装置に反応することもありません。子どもたちは、もくもくと迫りくる煙に興味深々。慣れてくると煙が出るのをわくわくした表情で期待して待つ子もいました。

　たき火の灯りをじっと見つめる子どもや手指を動かしアルミホイルの感触を楽しむ子ども、温かい風が届くと表情が和らぐ子ども、繰り返し活動に取り組

む中で、自分なりの好きな感触感覚をそれぞれ見つけじっくり味わう様子がみられるようになりました。

　残念ながらコロナ禍の中で調理実習が難しく、実食はできませんでしたが、給食でさつまいもが出ると喜ぶ様子もみられました。

　「たき火」を子どもたちに感じてほしい、「焼き芋」を楽しんでほしいという先生の執念のような思いが生み出した活動であることが伝わってきます。

　「学校でもっと簡単にたき火ができれば、本物を味わってもらえるのに」という悔しい思いと、「何が何でも実現するぞ」という強い思いが伝わってきます。先生方の非認知能力の高さに感心しました。

　子どもたちの実態に合わせながら、様々な情報を集め、細かな工夫を重ね、丁寧に学習環境を整えていかれた姿には脱帽です。ともすると画面を通して映像や音響だけの感覚を使った理解になってしまいますが、あえて様々な感覚に働きかけるため、アナログにこだわった点も、少しでも本物に近いものを提供したいという思いからだと思います。

　「きんぎょモデル」では、感覚の活用は「感覚と運動」の基盤項目に含まれる部分ですが、あえて多様な感覚に働きかけることで、子どもたちの気づきを促がし、認知能力を引き出していくことにつながったと思います。

　その結果として、気づきへの興味・関心や好奇心、またそれを楽しむという非認知能力を引き出してくることにも成功しているケースでした。この授業でしっかりシミュレーションして、是非本当のたき火と焼き芋を楽しんでいただきたいです。

8 特別支援学校から
食事場面を通して非認知能力が育つ

天岸 愛子

実践現場

特別支援学校小学部 1 年生で担任した ASD で知的障害もある大ちゃん（仮名）についてです。

「大ちゃんは　療育園始まって以来の、とても強い偏食のお子さんです」というのが、療育園の先生との引き継ぎの第一声でした。唯一食べることができるのがお味噌汁と焼き魚と白ごはん、味付けのりのみということでした。その言葉の背景から、「指導するのは結構大変ですよ」という先生の思いを感じ取りました。ここでは、大ちゃんと食べることについての取り組みを紹介します。

実践内容

私がまずはじめたのは大ちゃんと仲良くなることです。それも入学式が終わって給食が始まるまでに 4 日間で仲良くなることを目指して作戦を考えました。

「一緒に遊ぼう」という思いを伝えるために、何かを終えたらすぐに遊びに行くという作戦です。着替えたら遊具のお部屋に遊びに行く、健康チェックが終わったらすぐに遊具の部屋へ行くというふうに、「終わったらすぐに遊べるよ」「一緒に遊ぼうね」を伝えていきました。

遊びの中に学校での課題活動をサンドイッチしていくことで「楽しいことが中心なんだよ」「何かあっても、楽しいことが待ってるよ」という印象をしっかりもってもらいたかったからです。題してサンドイッチ大作戦です。私たちの学校では、小学部 1 年の期間は、遊びを大切にしながら、柔軟に対応していくことになっていたので、このような対応を実現させることができました。

その作戦通り、4 日間、彼と一緒にいっぱい遊びました。鬼ごっこに滑り台、4 月はまだ肌寒かったですが、私も大ちゃんも毎日走り回って汗だくでした。

その成果はすぐに表れました。 2 日目が終わる頃には自分から私の手を取

り、一緒に遊具のお部屋へ遊びに行くようになりました。3日目には朝、小走りに教室に入ってくると、大ちゃんは、早々に着替えを済ませます。「あそぼーねー」と独り言のように声を出しています。もう流れを理解したのか、着替えたら遊びに行く気満々でした。その思いに応えるように、私もすぐそばで「遊びに行くぞ」という雰囲気を全開にさせて着替えを待ちました。

　「今日は大ちゃんとなにしようかな。鬼ごっこかな？ぶらんこかな？」と独り言のように言うと、大ちゃんは「鬼ごっこ」力強く答えてくれます。「わかったよ！鬼ごっこしようね」と遊ぶ前から盛り上がります。着替えを終えると、2人でクラスの他の友だちに「お先に～」と告げて一目散に遊具のお部屋へ移動して遊びを楽しみました。帰りのスクールバスに乗る時にも「明日は何して遊ぶ？」と聞くと「鬼ごっこ」と嬉しそうに返してくれました。このように「今日も楽しかったな」で学校が終えられるようにしていました。こうしてサンドイッチ大作戦をひたすら4日間、担任である私と続けました。

　また、お母さんからは偏食については、「食べられる食材が増えてほしい」「家族と同じものが食べることができるようになってほしい」という、願いをお聞きしていました。「外食ってしたことがないし、食べるものが限られていて健康面も心配。変わってほしい。でも、本当に変わるのかな」。そんな諦めと不安な思いをもたれていることもお聞きしていました。

　遊びに遊んだ4日間を経て、初めての給食の献立をみて私は大きなショックを受けてしまいます。給食の初日がまさかの炊き込みご飯だったのです。白ごはんは食べられると聞いていたので、当初は白ご飯をパクッと一口食べて、すぐに一緒に遊びに行き、「食べれば遊べるよ」という流れを想定していたのですが、これでは一口目が食べられません。初日は何としてもいい感じで終えたかったのですが、「炊き込みご飯」となると一気に対応が難しくなりました。

　献立を変えることはできないので、とりあえず大ちゃんの机の上に盆をのせ、スプーンの上にご飯をほんの一口だけのせておきました。大ちゃんは、それをみて「食べない」と言わんばかりの堅い表情になりました。他の友だちと先生は「おいしいね」と言いながら食事を勧めますが、大ちゃんはみんなの周りをうろうろするだけで食べようとしません。遊びにいきたそうですが、私もそこは見て見ぬふりをします。

　しびれを切らした大ちゃんから、「こちらに来て遊ぼう」と誘ってきました。

「大ちゃん、スプーン一口食べたらね」と言うと、大ちゃんはあからさまに嫌そうな顔をしています。その顔を見ないふりで「どうぞ」と促すも、大ちゃんは顔をそむけます。「わかったよ」と私もいったん引き下がり、それ以上は勧めずに、また他の子と「おいしいね」と言いながら食べます。そうこうしていると、他の子が先に食べ終わり、「おさきに」といつも大ちゃんが言っていたセリフを言って遊びに行ってしまいました。

　その様子を見て、大ちゃんの機嫌も悪くなってきています。私は「今日は初日だし、一旦引こうかな」と思いながらも「大ちゃん、スプーンからっぽにしたらね」と言ってみました。大ちゃんは怒りながらも座っている私の太ももに顔をうずめてきました。「あれっ手伝ってほしいのかな。葛藤しているのかな」と思って、しばらく待ちました。少し動き出したので「大ちゃん、どうぞ」とスプーンを持って促してみると、ものすごい表情で、じっとスプーンの先のごはんを見ています。しかし「やっぱり無理」という感じでまた太ももに顔をうずめています。

　私は「大ちゃん、わかった。じゃあちょっと減らすね」と１円玉くらいのごはんを数粒まで減らしました。大ちゃんはその様子をじっと見ていました。すると大ちゃん決心したように目をつぶって口の中にいれました。「よし大ちゃん、遊びに行こう」と言うと、喜ぶと思っていたのですが、逆に「食べたことのないものを受け入れてしまった」と感じたのか、教室の前の廊下を泣きながらゴロゴロ転がり始めました。

　５分くらいたって、転がるのをやめてきたのでそっと「大ちゃん、遊戯室いこうか」と言うと涙をふいて私の手をとり、「あそぼ」と言ってきました。

　ここから毎日、白ご飯一口を食べたら、すぐに遊びに行くことを２週間くらい続けました。大ちゃんの食事時間わずか５秒です。しかし遊ぶ時にはサンドイッチ大作戦ですから、思いっきりいっぱい遊びました。

変化や成果

　遊びの時間を心の支えにした毎日を過ごす中で、給食に向き合う様子にも少しずつ変化が見られるようになりました。私や他の子の給食のお盆をじっと見るということが増えてきました。他の食材にも興味が出てきたように感じ、大ちゃんのスプーンに少量ですが、ご飯以外の食材ものせてみました。最初は戸

惑いもありましたが、次第に余裕をもって食べられるようになりました。

　１学期が終わる頃にはほとんどの食材を経験し、量も子どもの量半分程度は食べることができるようになりました。

　３学期になる頃は、サンドイッチ大作戦が功を奏したのか、普通量を普通盛りで食べることができるようになりました。しかもその頃には、食べる姿勢や食べ方、食事のマナーなどが指導課題となっていて、大ちゃんの頑張りと成長には驚かされました。楽しい遊びとセットにすることで、負担感が軽減し、日々の小さな積み重ねが、食事への思いと自信を育て、おいしいと思える心を育んでいったのではないかと考えています。

　私は大ちゃんの担任を２年間したのですが、実は食事以外でも大きな変化や成長が見られました。触覚過敏があったのか、１年生の時は感触系の遊びはほぼできませんでした。砂や土に触れることができず、ボディペイントも大の苦手でした。それが、２年生になるとボディペイントを誰よりもダイナミックに、誰よりも楽しめるようになりました。全身ペイントで遊んでいる大ちゃんは、本当に楽しそうでした。

　その頃には、日々の小さなこだわりやパニックが減り、みるみる言葉も増えていきました。遊びの時間だけでなく、食事の時間の会話や質問も増えてきました。「これ何？」「これはねー。よっちゃんよがつくヨーグルトやね」と会話を楽しむ中で、食べることを通して話をすることが多くなりました。

　なかなか給食を食べようとしない新しいクラスメイトを見て自分は食べられることをアピールしてきたり、「おいしいのに〜」と言ったりすることもあり、給食場面での心の余裕を感じられるようになりました。食事場面そのものを楽しめるようになってきたようでした。

　家庭でもいろいろな食べ物にチャレンジすることが増えて、「今日はこれが食べられるようになりました」と嬉しい報告も多く、お母さんと大ちゃんの成長を喜び合ったのが良い思い出となっています。

　食事（偏食）を遊びで挟み込む「サンドイッチ大作戦」は大成功だったと思います。偏食への対応として考えた作戦ですが、その効果は食事場面だけでなく、様々な場面に波及していきました。「何よりも成長したのは心だったんだなあ」と、大ちゃんとのかかわりの中から感じ取ることができました。

　実は、給食の初日、かやくご飯を数粒食べさせたこと、その時の大ちゃんに

見られた動揺を考える時に、「初日の少し強引に進めたことは果たしてどうだったのか」といつも悩んでしまいます。もし、その後の楽しい遊びがなかったとしたら、どうなっていたでしょうか。最悪、どちらも意地の張り合いになってしまい、泥沼のような状況が生まれていたのではと怖くなってしまいます。

　でも大ちゃんとの楽しい遊びの時間があったから、遊びの時間をとても大切にしていたからこそ、2人の心がつながり、大ちゃんの心に余裕が生まれ、「よし挑戦してみよう」と一緒に頑張っていくことができたと思います。

　今でも、「食べない」と言う大ちゃんの困った目と、「よし食べるわ」と気持ちが切り替わった時のクリッとした自信に満ちた目を思い出します。

　偏食の子どもたちは、今あるものを食べることに対して、過去の経験に引きずられ、不安でどうしようもなくなっている子どもたちのように思います。一般的に食事の場面では 離乳食の時代を経て大好きなお母さんやお父さんがおいしそうに食べている様子から「僕もほしい」「僕も食べる」という思いが育ち、「いろいろな物が食べられるようになる」といわれることがあります。しかし、発達障害や知的障害のある子どもたちの場合は、そこまで深く思いが育っていきにくい側面があると思います。だからこそ、深い愛情をもって関係を作り、同じようにやってみたいと思えるような心を育てていくことが大切となります。

　遊びの時間を通して支えとなる大人との信頼関係を築き、その人と共に過ごすことで毎日の生活に満足感や心の余裕を生み出すこと、さらに安心して取り組める活動を通して「心の余裕」を育てていくことが療育、発達支援のポイントではないかと思いました。

　大ちゃんは、信頼できる大人との遊びを通して、新しいことに挑戦する力、達成感、見通しの力、主体性を育みました。「心の余裕」があることで、新たなものに挑戦できるパワーを貯めることができます。大ちゃんの場合、その余裕が大好きな遊びを通して生まれてきたものと考えています。好きな遊びは、誰にとっても「心をみたしてくれるもの」ではないでしょうか。

コメント

　臨場感あふれる生き生きとした描写で、思わず大ちゃんとの世界に入り込んだ気がしました。自分自身、偏食の子どもたちを何人も担当してきて、偏食指

導の難しさを痛感しています。以前の特別支援学校（養護学校といわれていた時代ですが）では、子どもの思いを無視して、口を開けて強引に食べ物を捻じ込むようなこともなされていました。今では考えられないことですが、なんでも食べられるようになることが将来への力として必要と考えられ、そのためには手段を選ばない、甘やかさないというような考え方でした。その時は「食べる」ではなく「食べさせる」に主眼が置かれていました。子どもにとっては不幸な時代でした。ただ、それほどに偏食対応は大きく難しい課題でした。

　天岸先生はその難しい課題に、まず大ちゃんと徹底的に遊ぶといったサンドイッチ作戦を実行します。大ちゃんにとっては、不安いっぱいの入学だったかもしれませんが、きっと「学校ってこんなに楽しい所なんだ、やったー」と思ったことでしょう。徹底して遊ぶことで、心がつながるのも早かったと思います。遊びを通して生まれた信頼関係が基礎となっていますが、「きんぎょモデル」にある「心の安定」の部分が信頼関係によって生まれてきたと思います。その信頼関係を試される出来事が超早期にやってきます。炊き込みご飯です。全くの想定外、大きなハードルです。先生は「少しでも食べさせたぞ」という指導者としての満足感に浸るのではなく、「辛かったな、苦しかったな」と子どもの思いに寄り添う形で接していきます。そこにこれまでの実績である遊びが加わることで、本人の気持ちの切り替えを後押ししていけたように思います。できたから頑張らさせるのではなく、あくまでも子どものペースに寄り添いながら、進めていくことで、無理なく展開していくことができました。遊びを通して楽しむことや興味をもつこと、自信をもつといった「非認知能力が育っていき、結果的に偏食だけでなく、学校生活の様々な場面での変化につながっていきました。それは、本人の中から育ってきたものであり、確かな力として定着していきます。「非認知能力」は生涯育っていくものであり、その基盤をしっかり作ることで、卒業後の生活にも生かされていくのではないかと思います。偏食という課題に向き合いながら、全体的発達を生み出していった実践力は見事なものでした。

放課後等デイサービスの事業所から ....

「今日もたくさんブランコで遊ぼうね」の声かけを大切に育む

山田 史

実践現場

　奈良県奈良市にある「くるむ」という名称の放課後等デイサービス事業所が実践現場となります。2023年3月まで特別支援学校（知的）で勤務していた私が管理者となり7月に開所した事業所です。学校勤務の時に、学校で目いっぱい頑張った児童を放課後等デイサービスに「まだ、この後も頑張るんやね、いってらっしゃい」と思いながら送り出していました。管理者の話をいただいてから、「くるむ」をどうしていこうかと考える中で、「児童・生徒に頑張らなくてもいい設定はできないのか？」と考えました。自分が子どもの頃に放課後に好きなことをたっぷりやって楽しんでいたことを、利用する子どもたちに経験してもらいたいと考え、先に開所されていた「きんぎょ」をモデルにスタートを切ることになりました。

　利用者は地域の支援学級の在籍の児童、特別支援学校（知的）の小学部〜中学部の子どもたちで、定員は10人でほぼ毎日10人の利用があります。

　合言葉は「いいよ」です。大人のいう問題行動にも「いいよ」に変換できるようなかかわり方を目指しています。子どもたちの主体性を大切にしたいからこそ、こちらからの設定プログラムは準備しませんでした。おもちゃと絵本、トランポリンにブランコ、ちょっぴり課題的なものをたくさん準備して子どもたちの「やってみたい」「これやろう」「これなんだろう」にのっかっていきながら学校でいう自立活動、教科・福祉でいう5領域の力がつくように支援しています。

　学びに向かうための土台を楽しみながら培っていく、自分たちで発達の階段を上がっていく力を信じて実践しています。

　ここで紹介する事例は、中学部２年生の自閉傾向のみられるダウン症の男児です。小学部２・３、５・６年の時に担任として長い時間を共に過ごした関係性ができているＳくんです。昨年度は、教室に入る前にスクールバスの全てのエンジン停止、ドアが閉まるまで見届け、学校の周りをさんぽ、運動場で全てのブランコを制覇し、中庭で箱車に乗って３周というルーティーンを行っていました。自分の思いを汲み取ってもらうことができるとスムーズに動くことができます。思いが通らないと、座り込みなかなか動いてくれないといった場面も見られることがありました。

　７月の開所と同時にＳくんの利用が始まりました。私との関係はすでにできていますから、入り口で止まるようなこともなく、すんなり入室できました。しかし、他のスタッフに関しては、なかなか簡単にはいきませんでした。トイレに誘っても受け入れてもらえず、失敗をわざと決まった場所でする行動が見られました。行動の切り替えの時も、私が一緒であれば切り替えて動いてくれ

ましたが、他のスタッフでは、座り込んで動かないようなことも見られました。到着してから鞄をフックにかけ、タオルと水筒を取り出し、決められた場所に持っていき、手を洗うといった一連の流れも分かっていますが、なかなか自分で実行することはありませんでした。

　Ｓくんは、利用時の半分以上をブランコに乗って過ごしています。そのブランコでの遊びを私ではなく、スタッフが一緒に行うことにしました。「こ」とブランコに乗りたいことを１文字の発声で伝えてくれます。スタッフはすかさず「いいよ」と答え、手指消毒だけして、入り口からブランコに直行し、ブランコでひたすら遊ぶことを繰り返しました。友だちに交代したタイミング、スタッフが用事でそばを離れたタイミングで排泄の失敗を繰り返します。トイレに行ってたくさん排泄した後でも、同様な現象がありました。その時の表情は、笑顔でした。「一緒に遊んでほしい」気持ちの表れであると推察した私たちは、何もなかったかのようにさっと片付け、

一緒にブランコで遊ぶことを徹底しました。ブランコ遊びはただ押すだけではなく、ボールを渡してかごに投げ入れる遊び、スタッフが様々な場所に差し出した手にタッチ、スタッフが歌う歌の歌詞の語尾を発声して一緒に歌う、Sくんの投げたボールをバットで打つなどバリエーションが増えていました。毎回ブランコで遊ぶSくんに「また、ブランコなの？」「もうやめておけば？」などの声かけは一切しません。

「今日もたくさんブランコで遊ぼうね」「先生と一緒に遊んでくれる？」などの声かけとともに笑顔で終わりを迎えることに努めました。

変化や成果

7月の終わり、夏休みに入った頃には排泄の失敗はなくなっていました。他のスタッフとの関係も築くことができ、スムーズに動くことができるようになりました。

そして、自分から、友だちの手を引いて、ブランコに乗ってSくんの投げるボールを打ってほしいと伝えることがありました。また、友だちと一緒にブランコに乗って2人乗りすることも受け入れられるようになりました。スタッフが仲介することで、友だちとの関係も育まれてきています。交代してブランコを降りている時には、ブロックや電池で動く歯車のおもちゃ、ねじをドライバーで回して組み立てるおもちゃなどに自分から手を伸ばし遊びながら順番を待つこともできるようになっています。このように遊びにも少しずつ変化が見られています。

ブランコに乗っていなくても、一緒に歌を歌って楽しんでいます。曲のレパートリーもどんどん増えています。言葉の面でも変化が見られています。「こ」と1文字で表現していたSくんが、「せんせ～（先生）、これ（ブランコ）、どうて（手伝うて）」とブランコの持ちひもを指さして伝えてくれるようになっています。

好きなことを一緒に楽しんでくれるスタッフと信頼関係を築き、伝えることで思いを実現させてもらえることを理解したSくんは、安心して思いを発信できるように

なったのだと考えています。

コメント

　学校で4年間担当していたSくんと開所した事業所の中で共に過ごすことができるようになったことで、学校とは違うSくんの発見もあったでしょうし、Sくんへの学校ではできなかった取り組みもできたのではないかと思います。Sくんのやりたい遊び、得意な遊びがブランコです。ブランコでの遊びは、当初「心の支え」にもなっていたように思いました。安心して楽しめる遊びを通して山田先生以外とのスタッフとの関係も築いていきます。他の活動では時間がかかった関係づくりも、得意なブランコを使うことでスムーズにいきました。

　毎日同じことを繰り返していれば、やめさせようとする声かけが多くなってきます。「そろそろ終わりにしたら」「まだするの？」といった声かけがどうしても多くなってきます。そこを山田先生はあえて「今日もブランコで遊ぼうね」と伝えることで、その遊びをしっかり認めていきます。奪われる恐怖感と提供される安心感とでは子どもの心に雲泥の差が生まれます。遊んでもいいんだと思えることで、心にゆとりが生まれ、遊びそのものを工夫したり、遊び方を変えたりすることもできるようになります。安心できること、遊びへの思いが深まることで、自然と表現したい思いも広がり、言葉の形で表へあらわれてくるようになります。伝えたい思いがなければ、発語の苦手な子は声を出しません。自ら声を出して先生に伝えようとする姿は、信頼関係の表れでもあり、伝えたい思いの深まりでもあります。どんな言葉を使って伝えていくのか、この辺りも「認知能力」が大きく関わる部分になります。

　「くるむ」では、子どもたちのためにこちらがプログラムを立てて準備するのではなく、子どもたちが遊びを選べる環境づくりをして、その日の活動はその場でその子が考えて進める形をとっています。子どもたちは自分たちで自発的に活動を決めていきます。やりたいことができる空間であり、そこからスタートする発達支援は、子どもたちのもっている力を引き出していきます。誰でも、一番好きなことをしている時に一番力を発揮するものだからです。心の安定をベースとした「きんぎょモデル」の中で、見事に「非認知能力」と「認知能力」がバランスを保ちながら、互いに成長を促している実践となりました。

10 音楽療法の視点

若江 ひなた

実践現場

　私はにこにこ kids という名称で、兵庫県宝塚市と大阪府高槻市において音楽療法の教室を開催しています。にこにこ kids では、参加しているお子さんが、いろいろな人と楽しく過ごせるような社会性の育ちを願い、無言語の方には歌を歌って声を出す楽しみを伝えたり、楽器やファシリテーションボールを使って共に身体を動かす楽しさを共有しています。きんぎょモデルを参考に、できる限り子どもの想いを尊重しながら、心の安定をベースにした楽しみの世界を広げていくような療育を進めていきたいと思っています。

　はじめはたった１人で始めた活動でしたが、明るい笑顔や確かな成長を見せてくれる子どもたちが活動の支えとなり、成長や子どもたちのありのままの姿を保護者と共有し話し合ってきたことで、にこにこ kids のスタイルが見えてきたように思います。にこにこ kids では、音楽を活用しながら子どもたちの社会性の育ちを見守っています。

　子どもたちが何が好きかを探り、まずは楽しむことが療育の基本となっています。音楽は音を楽しむと書き、目の前の子どもたちが何が好きで、何に興味を抱くかを大事にしています。保護者の中には、教えてほしい、嫌いなことや苦手なことを克服させてほしい、という考え方の人がおられますが、子どもたちが主体的になり、それを見守るセラピストと子どもたちとの関係性から、新しいことに取り組む意欲を育てます。

実践内容

　Ｃくんは、背が高い中学生の男の子です。ジャンプや走るといった身体を動かす遊びが好きで、楽しい時は顔をくしゃっとして笑う男の子でした。出会った当初は「あ」や「い」といった限られた発声で話していましたが、うなずきや首振りで意思を伝えたり、指や手を差して欲しいものを選択したり、ジェス

チャー表現も上手に使えていました。

　一方で、耳を両手で抑えて辛そうに眉間に皺を寄せることも多くありました。特に、ツリーチャイムやハンドベルといった高い音の楽器が鳴った時、私が歌う高い音の時に顕著でした。また会場にあるエアコンが稼働し始めた時もすぐ分かるようで、じっと耳を傾ける姿がありました。聴覚が繊細で、細かな変化にも気付けるＣくんでした。お母様からセッションの主訴を確認しました。主訴は３点ありました。

　①家族以外にも、言葉や表現が伝わってほしい。

　②遊ぶ力が向上し、１人で遊べるようになってほしい。

　③要求表現が伝わってほしい。

　Ｃくんのお父様とお母様は、ほぼ毎回２人で参加してくださるのですが、Ｃくんの表情や身体の動き、「あ」や「う」の発声で、Ｃくんの伝えたいことが分かります。セラピストの私からすると、出会った当初は意味が汲み取れないこともありました。上記の３点について、音楽を活用しながら一緒に遊ぶ楽しさをどのように伝えていくか、試行錯誤が始まりました。

　上手くいかなかった取り組みとして、まずは、発声を促そうと考え、自作した曲をセッションで取り組んでみたことがあります。口を開けたり、舌を動かしたり、口の部位を動かす要素が曲に入っています。しかし、歌ってくれません。表情を見たら眉間に皺を寄せています。どうも楽しそうに見えませんでした。既存の曲や、発声を促す目的で作曲された曲を音楽療法の曲集から集め、実施をしました。セラピストが誘導したり、いわゆる、のせようとしたりすると、声を出してはくれますが、その後の自発的な発声にはつながりません。他にも療育プログラムを効果的に実施しようとして、太田ステージの療育プログラムに音楽を当てはめたりしました。

　そういったセラピスト側の気持ちが強くなりすぎた時、Ｃくんは立ち上がり、部屋の隅で少し遠くから私を見ていることもありました。セラピストの気持ちとしては、分かりやすく、少しでも効果的にと思ったのですが、どうも意図した結果ではありませんでした。

　関西発達臨床研究所には、ファシリテーションボールメソッドを専門とした先生がおられます。子どもたちが遊びながら、体幹を鍛えたり、身体機能を向上させたりするボールに私が興味をもちました。さらに、研修会で話を聞いて

いると、ボールの動きにピアノで音楽をつけていくと、もっと楽しくなるのではと思いました。にこにこ kids にもファシリテーションボールを持ってきて、まずは実践をしてみました。すると、好き嫌いがはっきりしているＣくんがもの凄い笑顔でボールに乗っていました。ボールの上に座ったり、うつ伏せになったりしてボールから降りません。Ｃくんの動きにピアノを即興でつけてみると、私の顔を見ながら、揺れたり、弾んだりしています。Ｃくんの表情や動きに活き活きとした躍動感を感じ、言葉にすると何だろうと模索して「楽しいね」と声をかけてみると、Ｃくんがにこにこ笑い返しているように見えました。Ｃくんはセラピストの顔を見て、ボールの周りを歩き回ったり、走り回ったりするようになりました。

　Ｃくんの即興では、セラピストから見てＣくんの声域や雰囲気に合っていると感じる音階がヘ長調です。この音階で弾いてる時は、「あぁ」と言ったり、「おぉ」と発声しながらスキップをしています。またセラピストと目を合わせながら、Ｃくんの動きが即興に合っているように感じています。

　Ｃくんは歩いたり、走ったり、ハイタッチや、スキップをしながら、ボールの周りで実に様々な動きを見せてくれます。セラピストを見ながら足を出してひっこめることもありますが、「どんな動きにしようかな？」と考えているようです。私もそういう時は、右手の小指の力を抜いて、音楽でいうアルペジオで弾くのですが、Ｃくんもセラピストを見て笑ってくれます。

　反対に、次は大きく前へ足を出して、セラピストを見ながら大股で歩き出すこともあります。大きく足を前に出した時は、私もペダルを踏んだり、和音を弾いて、少し重みのある音を出します。このようにセラピストとＣくんがお互いに目を合わせながら、動きとピアノで遊んでいます。

変化や成果

　セッションが１年を経過した頃、ある動きが起こりました。Ｃくんが自発的に「あ」と発声し、セラピストを見ています。即座にセラピストが「あ」と模倣すると、今度は「い」と言いました。再び「い」と言い返すと、今度は「お」と言ってきました。相手の目を見て、発声をしながら相手の返答を待っているように見えました。お父様とお母様と「話しかけてますよね」と確認し、３人でＣくんの表情がとても笑っていることに喜びました。

Ｃくんとこの【声のやりとり】は、この後も毎回続いていきました。記録によれば、「あ」「い」「う」「え」「お」「か」「て」「も」「ろ」など、子音を発声できるようになりました。

　他にもセッション中はピアノが止まると人差し指を立てて、もう１回と私の目を見ながら身振りで伝えてくるようになりました。また、私がピアノを弾かず、Ｃくんのそばでボールで遊んでいると、じっと私の目を見てきます。私がピアノを指さして「ピアノ？」ときくと、一旦私が指を差すピアノを見てから、再び私に視線を戻してうなずき、三項関係を想像させる姿もありました。

・Ｃくんから学んだこと

　冒頭に上手くいかなかったかかわりの例をあげました。後半ではセラピストとクライエントの距離が縮まり、お互いに目を合わせて動きを変えたり、クライエントの発声が増えたりしました。この２つのシーンを比べて気がつくことは、セッションの主体性が誰であるかが大事だと感じました。セッション初期ではセラピストが主役になっていて、療育プログラムなどセラピストが必要だと思ったことが中心に展開されています。後半はクライエントが主役になり、クライエントが繰り出す動きや気持ちに焦点が当てられ、セラピストが後からその動きに伴奏するようになります。クライエントもこの関係性に気がつき、自ら動きたくなっていきました。

　そして、伝えたいという気持ちに育ちが見られ、自ら発声して、セラピストに伝えようとする気持ちを見せてくれるようになりました。

　療育には計画が重要視されますが、何をするかについてセラピストが全て決めたり、求めるのではなく、クライエントとセラピストが共に創り上げていく過程に意義があるのだと学びました。セッション初期では、お互いに意図が読めなかったりしましたが、一緒に遊ぶことで、楽しみが生まれ、より相手を見ることにつながりました。Ｃくんを毎回欠かさず連れてきてくださる両親や、セラピストを信頼して遊びや気持ちを表現してくれるＣくんに感謝しています。

コメント

　音楽には不思議な力があり、その力を使って心理治療や発達支援などを行っていくのが音楽療法ということになると思います。ただ、Ｃくんは、音によっては苦手な面もありました。音が敏感に入り過ぎて大音量に聞こえたり、苦手な周波数だけをひろって、嫌な刺激になってしまうこともあります。音楽の苦手なＣくんに対して何とか音楽でアプローチする手掛かりを見つけようとしますが、なかなか難しいことです。ここで悩み、考える訳ですが、それはＣくんに無理なく楽しんでもらおうとする思いの表れであり、大切な姿勢だと思います。悩むから手掛かりを見つけることもできるのだと思います。そんな中ファミリテーションボールと出会う訳ですが、ボールと出会うことで表情が変わります。ボールに興味を示し、やってみようという好奇心も湧いてきます。ボールに身体を預けて嬉しそうな表情をしています。「やってみよう」という非認知能力が沸き起こり、乗り方や使い方、バランスのとり方などを工夫していく認知能力も発揮されるようになってきます。

　これまでのかかわりの中で、セッションの場面がＣくんにとって安心できる場面になっていました。そのため心置きなくボールでの遊びを楽しむことができました。「心の安定」「心の育ち」「学びの育ち」が機能し始めます。そこに音楽が加わることで、安心して受け止め、楽しむことができるようになります。そこには、音楽に対する苦手感などなくなります。逆にボールに楽しみが加わることで、新たな楽しみ方ができるようになりました。

　きんぎょモデルにある「心の安定」「心の育ち（非認知能力）」「学びの育ち（認知能力）」がバランスよく働くことで、安心して学びに向かうことができるようになりました。そうすると、それまで予期していなかった、発語や言葉が出てきたり、ちょっとしたやりとりができるようになったり、相手への意識が変わってくるといった成果も生まれてきます。ボールだけでは不十分、音楽だけでも不十分です。しかし音楽とボールが合わさることで、１＋１が３にも４にもなるような結果が生まれました。悩みながらの実践ですが、確実に成果を上げてきています。

11 モンテッソーリ教室から

自力でできる環境が非認知能力を伸ばすカギ

安齋 優紀

実践現場

①自分でできる環境設定

　モンテッソーリ教育では、"自分でできるように手伝ってください"という子どもの心の声をとても大切にしています。"自分でできるように手伝う"ことの１つとして、子どもが日常で使う用具を子どもサイズの本物で準備することが挙げられます。あくまでも、ミニサイズの玩具ではなく、本物であることがとても大事です。なぜなら、子どもは本物を扱えるようになりたいと思っているからです。

　赤ちゃんに、せっかく玩具のリモコンを買ってあげたのに全く興味を示さず、触られたら困る本物のリモコンばかり舐めてしまう、という話はよく聞くものです。子どもが自分でできる環境を用意し、子どもが分かりやすいように扱い方を示す（モンテッソーリ教師はこの扱い方を示す「提示」を嫌というほど練習します）だけでも、自分でできることがずいぶんと増えるでしょう。

　例えば、普段私たち大人が何気なく使っている箒。大人サイズだと子どもには長く、重さもあり掃除を１人で上手くはなかなかできないけれど、子どもの扱いやすいサイズ・形状に配慮して用意し、最初に子どもが使う時に丁寧に扱い方を見せてあげるだけで、全く違った環境になります。

②自由に選べる環境

　モンテッソーリ教育の環境では、棚に扉がありません。理由は、子どもの自主性・主体性を大切にしているからです。教具や用具を並べている棚は子どもの背丈までのサイズで全てオープン。子

子どもがいつでも自由に使える掃除用具

104

どもたちがいつでも自由に自分のしたいことを選び、好きな場所で誰にも邪魔されず、やりたいだけできるようにしています。

　「そんなことをしたら、子どもたちはぐちゃぐちゃに散らかしてしまいませんか？」という質問を頂くことがありますが、慣れないうちこそ、手あたり次第に触れては散らかす、ということも人によってはありますが、探索を十分にし、満足すると、無意味に散らかすことは自然となくなります。大人はここで、信じて待つ忍耐力が必要です。

　また、"内発的動機付け"によって、子どもが自分で選ぶものこそ、その子どもが今発達するのに必要としているもの、という発達ニーズに適合しているから、というのも理由の１つです。

　人から強制されて行うことに比べ、自己選択して始めることは、圧倒的に集中することができますし、達成した時の満足感が高いのは私たち大人も同じではないでしょうか。

　そして、したいことがある時に、毎回誰かにお願いして取ってもらわないとできなかったり、「してもよいですか？」と許可を得ないといけない生活が窮屈なのは子どもも同じです。割れ物があっても、細かい物があっても、いつも棚をオープンにしているのは、子どもたちを信じて尊重する意味も含まれているのです。

自由が保障された環境

③子どもの自尊心を傷つけない仕掛け

　モンテッソーリが考案した教具には、多くのものに"誤り訂正"の仕掛けがあります。"誤り訂正"とは、子どもが自分で間違いに気付けるようにする仕組みのことです。

　例えば、「円柱さし」というモンテッソーリ教育を代表する教具では、１つずつ穴の大きさが違うところに、サイズの同じ円柱を探して入れていく、という活動をします。もちろん大きい穴にサイズの小さい円柱を入れることはできますが、最後に残った大きい円柱は、小さい穴には入れられません。ここで、

子どもが自分で間違っていたことに気づくことができる、というものです。

　人から「それ、違うんじゃない？」などとことあるごとにいつも指摘されていては、「もう、したくない」と言いたくなる気持ちも理解できます。大人は、子どもよりもすぐに間違いに気がつくからこそ、ついつい先回りして、失敗しない方法を教えたくなってしまいますが、子どもたちは失敗から学んでいきます。

　大人が余計な口出しをしなくても、子どもが自分で気づくことができる仕掛けを施しておくことで、無駄に子どもの自尊心や自己肯定感を傷つけないよう、配慮されています。なぜなら、様々なことにチャレンジしていく上で、まず自己肯定感などの心の安定が土台となってくるからです。

モンテッソーリ教具　中央下が円柱さし

実践内容

　教室開講初期から通ってくれているゆうちゃん（4歳・仮名）は、園の同学年の友だちと比べると少し発達のゆっくりさがあり、来てくれた当初は、初めてのことにはなかなか挑戦できず、いつもどこか自信のなさがある子でした。

　ゆうちゃんの選ぶお仕事（モンテッソーリ教育では、この環境下での子どもの活動は遊びではなく、発達のために必要なことというとらえ方から"お仕事"と呼んでいます）は、いつも1、2歳児が選ぶ"ぽっとん落とし"などが多く、別のお仕事に誘っても「できない」と不安が高い様子でした。そんなゆうちゃんは、教室の壁にいつもある、子どもサイズの箒とちり取りに、ある時興味をもって、その前に立ってじっと見ていました。

　私はチャンスを逃すまいと、不要な紙をちぎって丸め、あらかじめゴミとして用意しておいた物を床にまきました。そして、「これは、箒って言うんだけど、これを使って掃除してみる？」と尋ねると「うん」と小さい返事がありました。

　箒を片手ずつ順番に握って見せ、床に付けてゴミを動かし、一ヵ所に集め、それをちり取りに入れる一連の動きをゆっくりとして見せました。すると、ゆ

うちゃんは「私もやる！」と箒を取りに来ました。ぎこちない動きでゴミに向かって箒を動かし、ゴミが遠くに飛んで行っては拾いに行き、また箒で狙います。たまにちり取りに入るとニコッとしては、折角入ったのにまたちり取りからゴミを出して……と飽きもせず何度も繰り返します。

　大人目線で見ると、"掃除"が目的なので、「ちり取りからゴミを出さないで！」と言いたくもなります。しかし、子どもは"掃除"が目的なのではなく、"思い通りに箒を扱えるようになること"が目的なので、このようにせっかく集めたものをまた出して、と何度も何度も繰り返すのです。

　ゆうちゃんはその日以来、教室に来ると箒の練習を欠かさず毎回するようになりました。そして、練習の成果あって、ゆうちゃんは箒とちり取りの扱いがあっという間に上手くなり、もうゴミが遠くに飛んで行ってしまうこともなくなりました。

掃除をする子ども

変化や成果

①自ら助け合う子どもたち

　ある日、同じクラスのこうくん（2歳・仮名）がコーヒー豆挽きのお仕事をしていた時、盛大に床にこぼしてしまいました。「一緒に掃除しようか」と声をかけていると、なんとゆうちゃんが急いで箒とちり取りを持ってきては、慣れた手つきで掃除を始めてくれたのです。

　今まで何をするにも不安が高かったゆうちゃんが、自分で興味をもって何度も練習し、箒を思い通りに扱えるようになり。今度は、誰に言われなくてもそれを人助けに使い、人に喜んでもらえることの嬉しさを感じ取ってくれたのです。その時の満ち足りた表情は今でも忘れられません。

　それ以来、ゆうちゃんは今まで避けていた文字や数、手先の巧緻性が求められる少し高度なお仕事などにも挑戦するようになってくれ、友だちとコミュニケーションを取ろうとする場面もよく見られるようになりました。今でも、挑

戦したけれど難しくなかなかできない時は、まるで自信を取り戻そうとするかのように箒を手に取り、掃除をしています。

　自分でできる環境を準備しておくことで、子どもは自分で今必要な物を選び取り、何度も何度も繰り返し、自信をもって新たな挑戦に向かえるようになります。それだけでなく、自分の得意なことを人のために使おうとするのです。これこそが、非認知能力の育ちであり、平和な世界への小さな一歩なのではないでしょうか。

②異年齢混合クラスで学び合う子どもたち

　もう1つ、この事例の続きがあります。それは、助けてもらったこうくんも、掃除のお仕事に興味をもってくれたことです。

　ゆうちゃんに助けてもらった時は、少しだけ離れた場で、じっとその動きを見ていたこうくんですが、次に来た時に、今まで見向きもしていなかった箒を触りに行ったのです。まだ上手く扱うことは難しいですが、ゆうちゃんの仕事っぷりが、彼にはとてもかっこよく見えたのでしょう。小さい人は見て学び、やって学ぶ。そして、年上の子どもは小さい人に教えて学ぶことで自信につながり、相手の気持ちを考える。異年齢混合クラスの環境の中で、子どもたち同士で学び合う姿を見せてもらえました。

コメント

　モンテッソーリ教育は、100年以上の歴史がありますが、その歴史の重み、積み重ねの中から生まれてきた珠玉のエキスが溢れているように感じます。箒にしてもリモコンにしても、本物だからこそ、使おうとするし、使い方を練習し、学ぼうとする。子どもの思いをしっかり受け止めようとする姿勢の表れのように思います。

　子どもの自尊心を傷つけない仕掛けのところでは、失敗をさせないのが支援ではなく、失敗を経験させその中から自ら課題解決に至ることができるよう応援していくのが本当の支援だということがよく分かります。見守るという支援がとても大切になります。失敗の中からやる気を引き出し、さらにチャレンジしていく中で解決できるようになる。非認知能力を用いて認知能力を高めていく流れが、背景にあることが分かります。

子ども同士の学び合い、成長を支え合っていくことから、子どもたちは自らを成長させていく力を確かにもっていることが分かります。適切な人的環境、物的環境が整えば、その環境から学び、経験を積み重ね成長していきます。それは、自ら伸びていく、成長していく力を信じるところから始まりますが、これは「きんぎょモデル」の実践の中でも大切にしている原理です。子どもの自ら成長していく力を信じていきたいと思いました。

12 モンテッソーリ教育を取り入れ非認知能力を育む

柴田 晶子

実践現場

奈良県香芝市の自宅でリトミック＊ピアノ教室 tiaramusic ☆を主宰しています。子どもの習い事教室の１つですが、子どもたちの思いを大切にしながら、自分たちで考え行動し、やり遂げていくプロセスを大切にした取り組みを行っています。そこでのこれまでの取り組みの中から報告します。

実践内容

①内発的動機を大切に

人が行動を起こす際の動機として、主に内発的動機と外発的動機があります。「ご褒美をもらえる・評価されるから」「怒られるから」など自分の外からくる動機が外発的動機に当たり、反対に「好きだから」「こんなふうにできるようになりたいから」など自分の内側から出てくる動機が内発的動機に当たります。内発的動機の方がエネルギーは強く長続きし、通知表・宿題・テスト制度などの外発的動機付けは、一見大人が子どもをコントロールする際に容易に子どもを動かせる手段ではありますが、本質的な発達にはつながりません。

tiaramusic ☆では、「誰が誰のためにするのか」を常に意識し、子どもが真に「楽しい・やりたい」と思え、主体的に音楽と関われる環境作りを追求しています。

②内発的動機を育むために

身近な大人である講師自身が音楽・人生を積極的に楽しむ様子を見てもらうべく、ストリートピアノやライブでのパフォーマンスを行い、ピアノの楽しみ方の幅を広げられる

奈良市京終駅ピアノのチャリティーコンサートの様子

活動をしています。また子どもたちと地域イベントに取り組み、「講師と生徒の立場」でなく、同じパフォーマー仲間として共にパフォーマンスを作り上げます。チャリティーイベントでは、子どもたちも自主的にアピールしてくれ、イベントを通し、お客様が楽しんでくれた様子・チャリティーに協力していただけたことなどの実体験から、成功体験を重ねたり貢献感を満たしたりすることにつなげます。

③自分で課題を選ぶ・決める

　「講師が決める」のではなく、自分で課題を考え決めます。「やりたい・できるようになりたい」気持ちや「ここが難しい・困っている」など、常に自分の気持ちや課題感と向き合います。その気持ちを解決するために何が必要か、どんな ことができるか、一緒に考えたり求められるアドバイスをしたりするのが講師の仕事です。1年に1度の発表会でも必ず自分で選曲するため、難しいところがあっても諦めないでやり遂げます。

4歳さん初めてのピアノ発表会

自分で字を書くことが難しくてもボードのお手本を見ながら書く様子

自分の課題を自分で書き込む子ども

④『聴かせてくれてありがとう』

　一般的な「先生から花丸をもらえる」制度ではなく、合格も自分で決めます。他人に評価されるのではなく「今やっている取り組みの課題は何か」「どこで満足できるか」を自分で考え、自分を満たすために取り組みます。

　子どもたちが弾き終えた後、講師からの第一声は必ず「聴かせてくれてありがとう。どうだった？」です。レッスンの主役は講師ではなく子どもたちです。講師からアドバイスをもらう前に、自分でどのように感じているかに向き合い

ます。「○○を気をつけた」「△△が難しかった」「☆☆が好き」「□□がいや！」など、全部大切な気持ちです。「何でできたんだろう」「何が原因で難しいんだろう」と一緒に少しずつ的をしぼって作戦会議です。自分で答えを導き出した子どもたちは、自分で納得できない時は「もう1回」と何度も挑戦し、納得できた時は自分で満足気に講師の「聴かせてくれて『ありがとう』」スタンプを押しています。そしてまた嬉しそうに何度も聴かせてくれます。教室の子どもたちは、いつでもミニコンサートができるような大好きなレパートリー曲をたくさんもっています。

「できた！」と嬉しそうに自分で「ありがとうスタンプ」を押す様子

答え合わせの丸付けも自分でする様子

⑤チェックリストを参考に

　「課題を自分で決める」手助けとして、音楽要素を細分化し取り出し項目化したチェックリストを用意しています。自分は今何を理解しているか、他にどんなことを学ぶことができるか、チェックリストを見ながら判断し、レッスンで取り組む内容を一緒に決めていきます。

⑥ワークではなく実体験

　先述のチェックリストに沿って学びを進める際、一般的な市販のワークドリルを用いるのではなく、トランプやすごろくなどのゲーム・積み木や楽器などの具体物に触れ、知性と感覚を使う実体験を通して学んでいきます。

音カードで遊びながら学ぶ子どもたち

音カードのゲームが楽しくて毎日取り組み4オクターブ（29音）を全て覚えた5歳さん

学んだことをもとに子どもたちが作ってくれたオリジナル遊具

ベルを使ってコードを学ぶ高学年

⑦自分で考え、自己訂正できる環境づくり

　習得していく過程で「間違う」ことはたくさんあります。間違うことは間違えないこと以上に重要で、間違えないように先導するのではなく、間違いに対しどうアプローチするかが重要です。

　「自己訂正」という方法がありますが、他人（大人）に指摘されて気づき

子どもが自分で間違いに気づきやすい教具

訂正させられるのではなく、自分で間違いに気づき自分の意志で訂正することが、真の学びとなり次のステップに取り組む意欲にもつながります。そのため、レッスンで使用する教具や教材には自分で間違いに気づきやすいものを使用し、自分で考えられる環境づくりを目指しています。

⑧子ども同士（異年齢）でのかかわり

一般的な発達段階として、児童期以降になると「個の欲求を満たしたい」段階から「仲間と一緒に取り組みたい」段階へ移行していきます。

そのため個人レッスンの他に、異年齢で行うグループワークを取り入れて、一緒にゲームをしたり調べものをしたりという機会を設けています。

困ってる1年生を助けてくれる3年生

分かる子は分からない子をサポートしたり、年下の子は年上の子をまねてみたり、普段個人レッスンでは積極的に取り組まない内容にもグループワークで友だちと一緒にやってみたりとそれぞれのかかわりの中で学びに触れていきます。

⑨自分と向き合い、自分を知り認めるためのお手伝い

多種多様な習い事がある現代ですが、子どもたちが日々生き生きとレッスンに取り組む様子を見て、単発的（短期的な）結果を求めた「できたできない（認知面）」以上に、根底のエネルギー（非認知面）を育むことが長期的な目でみるといかに大切か思い知らされます。根底のエネルギーが揺るがなければ、その上にある認知面は自然に育まれ、少々の困難には負けない強い気持ちが支えとなり子どもたちは自ら歩んで行ってくれます。

そのために大人は、子どもたちが抱くその時々のどのような気持ちにも寄り添い共感し、また何を求めているかを常に観察し続ける必要があります。

コメント

自宅でリトミック＊ピアノ教室 tiaramusic ☆を主宰しているというだけでもすごいと思ってしまいますが、活動として、ストリートピアノやライブパフォーマンス、チャリティイベントなどにも取り組まれているということで、頭が下がる思いです。実体験の中で感性を育てていくこと、やりたい思いを認め育てていくこと、子どもたちの尊厳を大切にすること、自分で考えて行動していくこと、これら全て「非認知能力」の育ちに直接つながることばかりです。

ここでの「非認知能力」の育ちが「認知能力」の育ちを支えており、それがさらに「非認知能力」を高めることにもつながるという「きんぎょモデル」が

最も具現化した活動であると感じました。

　子どもの感性に働きかける環境を整え、成長を見守っていく中で、興味・関心や好奇心が広がっていきます。そこに意欲が生まれ、対象を理解する力、考える力、工夫する力が育ち、さらに興味や好奇心を呼び起こしていきます。こうして活動は、他の子も巻き込みながら広がっていきます。子どもたちの生き生きと活動する様子、成長していく様子が目に浮かぶようです。

　子どもたちが自ら成長しようとする力、それを信じることから始まっていくことを実感することができました。

·················

訪問支援でできること

天岸 愛子

実践現場

　小児精神科訪問看護の訪問先でのケースです。小学６年生で特別支援学級に在籍するみつきちゃん（仮名）は、小学４年生から学校への行き渋りが見られるようになり、５年では学校へ行けなくなりました。６年生になると昼夜逆転状態となり、不安感から部屋に閉じこもることが多くなります。ご両親からの依頼により看護師と私が訪問した時には、家族と会話のできない状態になっており、弟とのけんかも激しいものでした。家族自体が精神的にも限界ということで、我々が訪問による心のケアや服薬管理、生活習慣の改善や発達支援を行うこととなりました。

実践内容

　不登校の原因には、いじめなど原因のはっきりしたものもありますが、これといった直接的原因はありませんが、長期間の積み上げによって次第に学校へいけなくなるということもあります。お母さんの情報によると、みつきちゃんの場合は後者だったようです。６年生になる２年目には、自分の部屋からあまり出てこない「引きこもり」の状態となり、情緒も不安定になっていきます。些細なことで苛立ち、弟とも顔を合わせればけんかが絶えない状態でした。

　お母さん自身も状態が改善しないことからくる焦りと戸惑いがあり、親子関係が悪くなってきていることや生活リズムの乱れや発達が気がかりなことなどもあり、訪問による支援の依頼をいただきました。

　様子を見せていただいたり、話をお伺いする中で見えてきたみつきちゃん像は、「眠れない」「笑わない」「遊べない」といった心のエネルギーが枯渇しているような印象を受けました。

　少し一般的な話になりますが、不登校の子どもたちは「なんで学校に行けなくなったの？」「学校の勉強がわからなくなったの？」「友だちとうまくいかな

くなったの？」というような学校へ行けない原因探しとなる質問攻めに合っています。子どもたちは何とか学校へ行かせようとする大人たちの思いに気づいています。本音を語ることができず、大人への警戒心が強くなっている子どもたちをたくさん見てきました。まずは、その子の思いをしっかり受け止め、信頼関係を築いていくこと、心を癒し、心のエネルギーを復活させていくことが目標となります。学校へ復帰させることが目的ではありません。

　したがってみつきちゃんと接する際には、「なんで学校に行けなくなったの？」というような質問は一切しません。その質問に答えはなく、追い詰めていくだけになってしまうからです。時間をかけて安心感や信頼関係を築いていくところから始めます。

　みつきちゃんは発達障害があるということで早期よりたくさんの療育を受けてきました。苦手なことや分からないことがいっぱいある中でも、頑張ってきたということです。その時々に反発したり爆発したりできる子であれば、不満感やストレスなどが蓄積していくということは少ないのですが、何とか我慢しながら耐えてきた子は、いつかは心の電池が尽きることになります。次第に学校への行き渋りが見られるようになり、そこから突然、学校に行けなくなるということを経験します。このような状態を「過剰適応」として私たちはとらえています。

　「過剰適応」の症状として、一般的には「なんとなく気分が落ち込む」「いまいち楽しめない」「倦怠感・疲労感がある」「食欲不振」「眠れなかったり、眠りすぎたりする」「頭痛・めまい・肩こり・動悸」「胃腸の不調」などが挙げられており、そのままにしていると「うつ病」や「不安症（パニック障害）」など様々な問題を引き起こすとされています。

　まさに「みつきちゃんだ」と感じました。みつきちゃんは倦怠感や眠れない症状が出て、確認作業を何度も繰り返し、脱衣所からお風呂に入るだけでも30分もかかってしまうといった行動の切り替えができなくなるなど、不安症的な症状も見られていました。

　みつきちゃんは感覚の特性から、集団への苦手感が強く、その場所にいるだけでも大変な思いをしながら過ごしていたようです。不安や不満を外に出すことができず、学校に行けなくなるまでは、みつきちゃんは優等生で、友だちとも揉め事もなく過ごしていたと聞いています。「どれほどの我慢を重ねてきた

のだろう」とその辛さを分かってあげられなかったことが申し訳なく思います。

　看護師とみつきちゃんが出会った時、みつきちゃんには不安な様子が見られ、部屋に閉じこもってそばに近づけない状態だったそうです。訪問のたびに一言だけ声をかけるところから始まって「横にいていいかな？」と声をかけるも無反応、無視される日が続いたということでした。

　お母さんからは、みつきちゃんが「きてほしくない」と思っていることも聞かされました。お母さんも困惑しています。看護師も心が折れそうになりながら「初期によくあることです、しばらく様子を見させてください」とお伝えしてお母さんの心も支えていきました。みつきちゃんに会えない時には、手紙を書いて渡して帰るというような地道な対応を続けていきました。

　週２回の訪問を１ヵ月程続ける中で、大好きな漫画の話がきっかけとなって少しだけ会話ができるようになりました。さらに１ヵ月かけて部屋にいれてもらえるようになり、距離が一気に縮まります。

　部屋の中でみつきちゃんは、ぬいぐるみをテーブルの上に円形に並べていました。無表情で何も言わず、黙々と作業を続けています。中央にはコップがあって、そのコップの上にぬいぐるみを乗せようとするのですが、ポトリと落ちてしまいます。みつきちゃんは、落ちては乗せ、落ちては乗せをただひたすら繰り返していたそうです。

　なぜ、そのようなことをしているのかさっぱり意味が分からなかった看護師は、話題にしていいものかどうか、どのような言葉をかければいいのかわからなかったそうです。その時にその様子を見ながら出てきたのは、「そっか」「落ちたね」という言葉でした。していることを否定したり、疑問に思ったりするのではなく、その行為をそのまま支えるような言葉でした。

　このぬいぐるみを使った遊びが数回続くことになります。その間、看護師はその遊びの意味や楽しさが分からないまま、きっとみつきちゃんにとって必要なこととして「そっかそっか」と言って認め続けたそうです。

　数回の訪問を重ねたある時、みつきちゃんが看護師に突然話しかけます。その時の言葉が、「にも（ぬいぐるみ）可愛いよね」という共感を求める言葉でした。自分の思いを共感してもらえるのかどうか、きっとこの人なら共感してくれるのではとの思いから出た言葉のように思います。

　これをきっかけに会話ができるようになり、みつきちゃんの遊びの中に看護

師も参加できるようになります。みつきちゃんがやりたいと言えば、一緒に塗り絵をしたり、カードゲームをやったりして楽しめました。看護師の「他には何がやりたい？」の質問に「お散歩」と言って、家の庭に出ることもできるようになってきました。

　半年ぐらい経ったある日、みつきちゃんと弟が大喧嘩していました。その理由を聞くとみつきちゃんが食べようと思っていたアイスを弟が勝手に食べたのに、お母さんが弟の味方をしたと言って泣きながら看護師に訴えました。「お母さんは弟ばっかり可愛がる」「私は不登校だからダメな子なんだ」と泣きながら訴えていたそうです。

　実はこの頃のお母さんは、学校に行ってほしいという願いを、直接言わないようにしていましたが、言葉の端々でその思いがみつきちゃんに伝わっていたように感じたそうです。そこで看護師は、思い切って「学校にいくことを期待するのをやめてほしい」とお母さんに伝えました。さらにみつきちゃんの心を癒し、自信をもってもらうためにも、みつきちゃんに「学校に行かなくても、あなたは大切で大好きだよ」と伝え、できるなら抱きしめたり、肌と肌が触れ合ったりするような時間を作ってほしいことを提案してきたということでした。

変化や成果

　遊びを通した心のケアや安心感をもってもらえるようにみつきちゃんのそばにいることを大切にしてきました。これまでみつきちゃんにとって、大人は「学校に行かせようとする人」でした。そうではなく、そばに寄り添ってくれる人として認めてもらえるように辛抱強く、丁寧にかかわっていきました。やがてそれがみつきちゃんとの信頼関係を築くことにつながり、いろいろな話ができるようになりました。

　決まった時間に家庭訪問に行くことで、生活に区切りができ、昼夜の逆転状態も改善し、眠剤は早々にいらなくなりました。弟とのアイストラブルは、お母さんに自分の心の奥底にあった思いを伝えるよい機会となりました。お母さんにとってもみつきちゃんの思いを理解する機会となり、それがお父さんも含めて家族全体が互いを理解し、思いやる契機ともなりました。

　訪問看護開始から７ヵ月に入った頃、庭に向かう玄関でみつきちゃんと看護

師が遊んでいました。その時、突然みつきちゃんは看護師に「来月から学校行ってみるわ」と言ったそうです。あまりの突然の宣言に看護師は「え？」となって「やめておいた方がいい。学校に行けば、先生がいつも寄り添ってくれるわけではないよ。友だちも以前のように仲良くしてくれるかわかんないよ」と伝えたそうです。

　でもみつきちゃんは「先生がいない時はこうやってみる」「お友だちも久しぶりだからこんなふうにしてみる」と自分で対応を考えていたそうです。たくましく成長したみつきちゃんがそこにいました。

　宣言通り新学年より学校に行くことができるようになりました。体調に合わせて時間をずらしたりするなど、無理をしすぎないように自分で調整しながら学校へ通っています。

　お母さんとみつきちゃんが顔を合わせばケンカの状態になることが多かったところから、日々、お互いの気持ちを看護師が通訳するような形でコミュニケーションをつなぎました。看護師の通訳を通して、お互いが言葉の奥にある親の願いと子どもの願いにそれぞれに触れた時に、まずお母さんがみつきちゃんを見つめる目が優しくなってきました。お母さんは、看護師が提案したみつきちゃんを時々抱きしめることも受け止めてくださるようになりました。みつきちゃんも少しずつ、お母さんに甘えることができるようになり、お母さんもそれを受け止めてくださっています。私たちは第3者としてお互いの気持ちを通訳することも担っている感じもあります。こうしてみつきちゃんの不登校をきっかけに親子関係の改善にも取り組むことができました。

　不登校のお子さんは1年以上経つと家の中で孤立してしまい、長引く傾向があるといわれます。今回のケースは、自宅に定期的にかかわれる訪問看護だからこそできたケースだと思います。不登校の解決は、学校に行くことが目的ではありません。自分の進路を自分で決めることができるようになることが大切で、学校への復帰はその選択肢の中の1つにすぎません。今回のみつきちゃんとのかかわりの中で、真の不登校支援は、心を癒し、心に力を溜めて、心を復活させるということであることがよく分かりました。

　子どもは本音を言語化する力が育っていません。「辛いなあ」「しんどいなあ」という思いを表現することも苦手です。そのような時は、その状況に応じた遊びをすることで、自分で心を癒そうとします。みつきちゃんがしていたぬいぐ

るみ落としも、そのような遊びだったのではないかと思います。遊びは心を満たしていくものであり、遊ぶことで子どもは元気になろうとしています。その遊びの時間を保障し、そばにいる大人がいかに共感し、認めることができるのかが不登校支援の中で重要なことと理解できました。

　自分自身も不登校の子どもたちとのかかわりが多いため、実感をもって受け止めることができました。不登校の子どもたちは全国で30万人を超えるといわれています。忘れていけないのが、学校へ行かないのは始まりではなく結果だということです。みつきちゃんも、小さなことが積み重なり、過剰適応状態となって限界を迎えて不登校となります。大切なことは、その限界を迎えた心に寄り添うこと、小さな糸口を見つけて時間をかけて心を癒していくことだと感じました。

　「きんぎょモデル」は、心を中心に置いて構成しています。その心がダメージを受けている状態であれば、その回復が最優先となります。学校へ行かせることではありません。みつきちゃんが、「学校行ってみる」と言った時、看護師は驚いて「やめておいた方がいい」と応えます。普通は「やったー」と密かに思う部分かもしれませんが、看護師の応えから、本当に心に寄り添ってきたことが分かりました。

　みつきちゃんは、しっかり考えていました。どのような状況になるか、自分がどうなるかも考えた上で、自ら出してきた結論です。その背景には、看護師との厚い信頼関係があると思います。無条件に支えてくれる人がいる、いつも見守ってくれる人がいる、そんな安心感も心の支えとなっていったのではないでしょうか。

　訪問看護の形で、家庭の中で支援していくことができるのは大きな魅力だと思います。家庭でなければできないこと、家族を含めて考えていくこと、これからの訪問看護の充実に期待していきたいです。

14 大人になってもやりたいこと

天岸 愛子

実践現場

　就労継続支援 B 型に来ているルイさん（仮名）38 歳です。ルイさんは、軽度の知的障害があります。複雑な家庭で育った背景もあり、愛着にも課題のある方です。人に対してとても気を使い過ぎ、疲れてしまうと暴飲暴食を繰り返したり、ひどい時には大量のお薬を飲んで倒れたり、リストカットをしたりして救急車を呼んでしまうこともあります。

実践内容

　ルイさんは元来真面目で、人の気持ちの痛みとか優しさが分かる人です。普段は人の顔色をうかがいすぎるところもあり、気を使いすぎて、ついしんどくても「大丈夫です！」と答えてしまいます。

　ルイさんは来所当初、おっとりとして静かで真面目、話しかけると取り繕ったような笑顔で静かに話をし、作業にも淡々と向き合われていました。

　初めての面談では、子どもにかかわる仕事や介護にかかわる仕事がしたいと教えてくれました。キャラクター弁当や、絵を描いたりするなど視覚的に表現するものが好きで、そのことを生かせることがやりたいそうです。就労継続支援 B 型で「働くことの習慣」を作ってから、就労継続支援 A 型の事業所に行き、一般就労を目指したい思いを伝えてくれました。

　2 週間くらい経った頃から就労中に、「しんどいので少し休んでいいですか？」ということが増えました。また、弊社のスタッフには看護師がいるのですが、その人が来ると、話を聞いてほしいと訴え、看護師を独占しようとする姿が見られました。

　この看護師は、精神科専門のナースで経験豊富な方です。ルイさんについての打ち合わせの中で「人に合わせてしまうところ、気持ちを表現せず、我慢し過ぎてしまうこと」が気になると事前に見立てていました。

ルイさんが就労継続支援Ｂ型事業所を転々としてきたこれまでの経緯から、看護師は「自分の気持ちを表現できるようにならないと、また同じことを繰り返すだろう」と見立てました。ルイさんが、自分の気持ちを表現できるようになるためには、その場所と人への安心感が必要であることを確認し、溜めている感情を外に出せるようにスタッフ全員で支援していくことになりました。

　支援を進めるにあたって、看護師が就労のスタッフに伝えた内容な次のようなものでした。「ルイさんがしばらく、いろいろなお試し行動と呼ばれることをしてきます。行動がおかしいなと思った時は、大騒ぎせず、『辛かったんやね、教えてくれてありがとう』『言葉にできないので行動で吐き出しているのですね』というような声かけをしてください。ルイさんの吐き出したいという気持ちを尊重し、言葉にしていくことが大切です。吐き出しの行動が多い時は訪問看護の時に看護師が対応しますので、他のスタッフのケアお願いします」。

　ちょうど１ヵ月くらい経った頃ですが、看護師の報告通り、突然倒れたり、怒り出したり、機嫌が悪くなったりするお試しと呼ばれる行動が頻発しました。自宅では看護師の前で、意識を失うような倒れ方をするようなことがありました。ここから怒涛の如く、ルイさんの奇異な行動や表現が続いていきます。それでも看護師は、混沌とした感情にただ寄り添い、「そっかー、辛かったね、ありがとう」「感情を出すのをよく頑張ったねー」と、その都度丁寧にメッセージを伝えていきました。

　就労支援の場面では、目標とする仕事の内容を一旦減らし、休まず通うことの継続、生活リズムの維持、訪問看護での服薬管理に気をつけることとしました。また、暴飲暴食については、否定せずに認めた上で報告をすることを忘れないように看護師から伝えました。

　自分の内面にある思いをうまく表現できないルイさんは、倒れたり、「しんどい」と言ったりすることで信頼できる人からの注目を無意識に得ようとしてしまいます。そのことを分かった上で看護師は、彼女に必要な感情の吐き出しと、振り返りの支援を行います。このやりとりを充電タイムと呼んでいました。この充電を徹底して看護師中心に支援を続けました。

　２ヵ月くらいが経った頃から徐々にですが、就労支援の場面では倒れたり、横になって休んだりする姿が減ってきました。看護師以外の就労支援のスタッフとも普通に話ができる時間が増えてきました。

変化や成果

　ルイさんは感情を出す前に、人への信頼関係を育むことも、甘え方もわからなかったと看護師は解説してくれました。「赤ちゃんの時にたくさん泣いて、泣いても受け止められる安心感、認められることを通じて赤ちゃんは人を信頼することを覚えていく。その経験不足が不足しているだけなのです。だから、赤ちゃんの時のやり直しをするのです。それが大人になった時にお試しという形で表現をしてしまうのです。その時に自分を出せる精一杯の表現なのです」。

　看護師は訪問看護にて感情を出し切らせ、甘え直しを思いっきりさせていたそうです。膝に乗ってこられた時は自分より大きくて、抱えきれなかったそうですが、「ルイさん、いい子いい子」を続けていたそうです。就労支援の場では、日々の目標値を一旦下げることで、続けて来所でき、作業にも参加できたという成功体験につなげていきました。

　頑張ることと思いっきり甘えて充電させること、これを３ヵ月間チームでやり切りました。落ち着いてきたなという時に、ルイさんにやりたいことを聞くと「おままごと」「ジェンガ」と教えてくれました。子どもの頃、友だちとやりたかった遊び、でもその時は満足できなかったのでしょう。就労の休み時間に思い切ってみんなでジェンガをやりました。ルイさんの満足そうな表情がとても印象的でした。

　ルイさんは今、会社からの送迎利用をやめて、自分の足で通勤する練習を始めました。改めて自分のやりたい夢に向かって、今できることは「自分で通うこと」と「体調管理をすること」として取り組みを始めました。さらに、ヘルパーの資格をとるために勉強も始めました。人は育ち直しができるのです。信頼できる人と育ち直しをして、何歳になっても人生を諦めなくてよいのです。

　ルイさんは　きんぎょモデルにある「心の安定」から看護師と健康を作り直していきました。就労という未来へつながる期待の場所と、頑張った気持ちを休め、充電させてくれる訪問看護という居場所があったからこそ、短い期間でお試しがなくなり、ルイさんのやりたいことにコミットできるパワーが生まれました。

何歳になっても育ち直しができる。35歳でも諦めなくていい。そんなことを体現してくれたルイさんです。

まさに感動のレポートでした。お試し行動はいろいろなケースで見られますが、その行動の評価や解釈、位置付けなどの違いにより、かなり幅のある対応が見られます。「とりあえず無視する方がいい」「出そうな時に、具体的行動課題を与える」「ストレスの発散をさせる」「説明、説得をする」などです。その中で看護師は、行為ではなく心に注目し寄り添い続けます。それは一見「甘やかし」として否定的に見られることもありますが、その甘えは心の癒しを求める、助けを求める究極のサインかもしれません。甘えさせることでさらにエスカレートしてしまうのではという不安もあったと思います。それを徹底的に心に向き合うことで、信頼関係が生まれ、奥底にあった幼少期からの思いを表すことができたように感じました。

　「きんぎょモデル」では、心を中心に置いて、健康や感覚・運動を基礎とし、心から発展していくものとして非認知能力や認知能力を位置付けています。もちろん、どれも重要なことなのですが、健康面に注力されたり、感覚や運動面に注力されたり、認知面に注力されることが多いように感じています。それが表れとして顕著だったり、評価しやすかったりするという点もありますが、是非、その人の心に思いを寄せることを基盤にして考えていってほしいと思いました。

　夢をもちながらも就労支援を転々とするルイさんが、天岸先生や看護師と出会うことによって、自分自身の心を癒すこと、「育ち直し」に向かうこと、自分の力で歩み始めようとすることなどができました。自分も同じような心のダメージと向き合っている子を担当していて、想いが重なり感動しました。

　「きんぎょモデル」が心に思いを寄せるきっかけとしてお役に立てるなら、これほど嬉しいことはありません。これからもルイさんのあゆみを見守ってあげてください。

おわりに

　35 年間、特別支援学校で務めた後、縁あって児童発達支援の事業所を開設することになりました。建物だけがある状態からカーテンを取り付け、棚を作り、教材や玩具をそろえていきました。何もない所から必要な物を考え、作り出していく作業は試行錯誤の連続であり、しかもそれを子どもたちが通ってきている状態で進めなければならなくて、毎日クタクタになっていました。

　これらの経験は、自分たちが何を考え、何をやろうとしているのか、子どもたちにとって必要なものは何なのかを深く考えていく機会となりました。長く教員生活を続けてきたこともあり、子どもに対する指導や対応については、ある程度自信のようなものもありましたが、学校とは環境も状況も大きく違うため、戸惑うことばかりでした。そんな中でも、対応の難しい子どもたちと向き合いながら進んでくることができたのは、開設当時のスタッフの献身的な協力があってのことでした。そこで生まれてきたのが非認知能力を育てるための自発的、主体的遊びを中心とした発達支援の方法です。そしてその方法を発達支援の取り組み全体の中で位置づけるために「きんぎょモデル」が作られました。

　「きんぎょモデル」を通して多くの仲間と出会い、研究を深めることができました。さらに伝えていくことを目的として関西発達臨床研究所が動き始めます。コロナの影響もあり、オンラインでの研修会や研究会が中心でしたが、少しずつ仲間が生まれ、広がっていきました。

　その成果を今回、このような形でまとめることができました。つたない部分、不完全な部分もありますが、この本を通して「きんぎょモデル」を通した「楽しい発達支援」の考え方を多くの方々に伝えていきたいと思います。それは、子どもたちが生き生きと成長し、その姿を家族で見守り、支えていく発達支援のあり方です。

　今回の事例報告にもあるように、実際に運用していくと、学校や事業所だけでなく、様々な業種の中で活用していけることが分かりました。考え方の背景、根本となっているのは、一人一人の人としての尊厳を尊重していくこと、自ら

が育っていく力を信じることです。その中から互いへの思いやりや豊かな心が育っていきます。共に支え合い、助け合えるインクルージブな社会が生まれてきます。そんな広がりのある取り組みを「きんぎょモデル」を使いながら進めていきたいと思っています。

　このように書籍の形で自分たちの思いや実践についてまとめることができたのも、学苑社の杉本哲也さんをはじめ、多くのスタッフの方々、関西発達臨床研究所のメンバーの協力があってのことです。心から感謝申し上げます。

　そして「きんぎょ」に通ってきてくれている子どもたちへ、保護者の方々へ、大切なことに気づかせてくれてありがとうございました。

高橋　浩

参考文献

池畑美恵子（2020）感覚と運動の高次化理論からみた発達支援の展開―子どもを見る眼・発達
　　を整理する視点．学苑社．

中山芳一（2018）学力テストで測れない非認知能力が子どもを伸ばす．東京書籍．

奈良県立奈良養護学校編　高橋浩・藤川良純・西端律子・太田和志・鴨谷真知子著（2017）誰
　　でも使える教材ボックス―教材共有ネットワークを活かした発達支援．学苑社．

大豆生田啓友・大豆生田千夏（2019）非認知能力を育てる遊びのレシピ　0歳〜5歳児のあと
　　伸びする力を高める．講談社．

佐々木晃（2018）0〜5歳児の非認知的能力　事例でわかる！社会情動的スキルを育む保育．
　　チャイルド本社．

宇佐川浩（2007）障害児の発達臨床Ⅰ　感覚と運動の高次化からみた子ども理解．学苑社．

宇佐川浩（2007）障害児の発達臨床Ⅱ　感覚と運動の高次化による発達臨床の実際．学苑社．

執筆者一覧

関西発達臨床研究所【編集】

前身の関西発達臨床研究会では、2010年11月から「感覚と運動の高次化理論」を広げていく活動を9年間行い、2019年4月より一般社団法人大和伸進会の中で関西発達臨床研究所となりました。そこで臨床を通して「楽しい発達支援」の考え方をまとめ、2023年に法人から独立し、関西発達臨床研究所として「楽しい発達支援」の実践と研究及び研修会活動を行っています。

高橋 浩（たかはし・ひろし）【第1章〜第5章、第6章1】
　大阪教育大学教育学部卒業　関西発達臨床研究所所長

山田 史（やまだ・あや）【第6章9】
　武庫川女子大学文学部卒業　児童発達支援・放課後等デイサービスくるむ管理者

天岸 愛子（あまぎし・あいこ）【第6章8、13、14】
　武庫川女子大学文学部卒業　小児訪問看護療育アドバイザー　大学非常勤講師

若江 ひなた（わかえ・ひなた）【第6章10】
　帝塚山大学大学院尋問科学研究科修士課程修了　音楽療法室にこにこkids主宰　音楽療法士

島津 雅子（しまづ・まさこ）【第6章2】
　特別支援学校教諭

佐々木 佳（ささき・けい）【第6章3、イラスト】
　特別支援学校教諭

宮里 生恵（みやざと・いくえ）【第6章4】
　特別支援学校教諭

藤原 彩夏（ふじわら・あやか）【第6章5】
　特別支援学校教諭

毛房 康代（もふさ・やすよ）【第6章5】
　関西発達臨床研究所事務局　元特別支援学校教諭

白井 加奈子（しらい・かなこ）【第6章6】
　特別支援学校教諭

橋本 知恵子（はしもと・ちえこ）【第6章7】
　特別支援学校教諭

安齋 優紀（あんざい・ゆうき）【第6章11】
　モンテッソーリこどもの家FIORI代表

柴田 晶子（しばた・あきこ）【第6章12】
　奈良県香芝市リトミック＊ピアノ教室主宰

レイアウト：石田 美聡（丸井工文社）

装丁：有泉 武己

非認知能力を育てる発達支援の進め方
「きんぎょモデル」を用いた実践の組み立て　　©2024

2024年 7 月25日　初版第 1 刷発行

編　　者　　関西発達臨床研究所
著　　者　　高橋浩・山田史・
　　　　　　天岸愛子・若江ひなた
発 行 者　　杉本　哲也
発 行 所　　株式会社学苑社
東京都千代田区富士見 2 － 10 － 2
電話　03（3263）3817
Fax　03（3263）2410
振替　00100 － 7 － 177379
印刷・製本　株式会社丸井工文社

検印省略

乱丁落丁はお取り替えいたします。
定価はカバーに表示してあります。

ISBN978-4-7614-0855-8　C3037